Peter Würth

Grüne Liebe

Schöffling & Co.

Erste Auflage 2015

Einbandfoto: Delphinium-Mix ›Magic Fountains‹
(Rittersporn)
Foto: Marion Nickig
Satz: Reinhard Amann, Memmingen
Druck & Bindung: CPI Moravia
ISBN 978-3-89561-651-8

www.schoeffling.de

Grüne Liebe

Inhalt

Der Rivale

Ich liebe meine Frau. Und ich liebe unseren Garten. In dieser Reihenfolge. Eindeutig. Bei meiner Frau bin ich mir über die Rangfolge nicht immer ganz so sicher. Wenn sie von der Arbeit nach Hause kommt, ist sie müde und abgespannt, braucht Erholung. Das ist mehr als verständlich. Sie schließt dann die Türe auf, ruft mir »Hallo Schatz« zu und geht in den Garten. Kein Kuss, keine Frage, wie es mir geht, nichts. Sie setzt eben Prioritäten. Wenn bei mir nicht alles in Ordnung wäre, hätte ich sie sicher schon im Büro angerufen. Außerdem bin ich erwachsen und selbstständig. »Ihr« Garten aber braucht sie. Er wartet den ganzen Tag lang auf sie, wartet darauf, gewässert, gedüngt, von Unkraut befreit zu werden. Ich kann ja selbst für mich sorgen, einkaufen gehen und mir etwas zu essen machen.

So ein Garten aber ist wie ein kleines Kind. Er braucht seine Pflegerin, sonst bockt er oder schlägt über die Stränge. Meint sie jedenfalls. Mindestens eine halbe Stunde lang wandelt sie dann durch die Idylle, betrachtet die Rosen, bewundert den Rittersporn, strahlt die Hortensie an, flirtet mit ihren geliebten Lilien und macht den von Schnecken bedrohten Lupinen Mut. Und ich überlege, ob ich im nächsten Leben nicht als Cosmea wiedergeboren werden will. Mit welchem Glanz in den Augen sie die Dreimasterblumen anstrahlt, wie liebevoll sie die Trollblumen streichelt.

Man könnte direkt eifersüchtig werden. Was heißt könnte. Ich bin eifersüchtig. Und zwar zu Recht. Schließlich habe ich sie zuerst gekannt. Der Garten trat erst später in unser Leben. Und daran hatte ich einen nicht unerheblichen Anteil. Ich habe ihn schließlich angelegt, während sie irgendwelche Meetings hatte. Von mir stammt der letztendlich realisierte Grundriss. Und was ist der Dank: Meine Frau verliebt sich in ihn. Noch nicht einmal eine ordentliche ménage à trois ist möglich. Sie ist auch noch eifersüchtig, wenn ich etwas anderes mache, als ihm still dienend Wasser zu geben.

Neulich sah ich auf dem Markt einen wunderschönen Ranunkelstrauch, den ich voller Stolz nach Hause schleppte. Sie machte ein Gesicht, als hätte ich das Rosenbeet umgegraben. Er passte ihr einfach nicht in den Kram. Sie fand immer neue Ausreden, warum sie ihn nicht einpflanzte. Die Farbe passte nicht, er würde zu groß werden, sie hätte den letzten verfügbaren Platz schon anderweitig verplant. Wir verschenkten ihn schließlich an Freunde. Sie hatte ihren Willen durchgesetzt.

Ich muss inzwischen richtig kämpfen, wenn ich

von einem der beiden etwas will. Um ihn darf ich mich nicht mehr richtig kümmern und bei ihr spiele ich zumindest zeitweise die zweite Geige. Ich gebe ja zu, dass er in manchen Dingen leichter zu handhaben ist als ich. Er widerspricht zum Beispiel grundsätzlich nicht, kommt nie zu spät und kriegt keine Wutanfälle. Aber das ist doch noch lange kein Grund, mich zu ignorieren.

Am Wochenende geht's weiter. Nach dem ausgiebigen Samstagsfrühstück mit mir zieht es sie zu ihrem Geliebten. Wenigstens macht sie sich nicht auch noch schön für ihn. Ganz im Gegenteil: Die ältesten Jeans und T-Shirts sind gerade gut genug für ihn. Und angefasst wird er nur mit unförmigen Gartenhandschuhen. Das geschieht ihm ganz recht.

Voller Elan stürzt sie sich in das Vergnügen und hat schon wieder keine Augen für mich. Stundenlang beschäftigt sie sich mit ihm. Sie verschönert ihn, kocht Tabaksud für die von Ungeziefer befallenen Rosen, zupft hier und da, pflanzt dort etwas ein, da etwas um. Keine Mühe ist ihr zu groß, keine Gießkanne zu schwer, keine Erde zu schmutzig, keine Dorne zu spitz. Sie verausgabt sich völlig. Erst wenn sie völlig erschöpft ist, erinnert sie sich meiner wieder. Dann hat sie Hunger und Durst, braucht eine Schulter zum Anlehnen, weil der Rücken schmerzt.

Und ich stehe wie immer bereit. Schließlich mag ich ihn ja auch und sie hat ihm Gutes getan. Davon profitiere ich genauso wie sie. Und wenn ich mich recht liebevoll zeige, vergisst sie mich vielleicht bis zum Winter nicht ganz. Denn dann kommt meine Zeit, dann bin ich dran. Während er draußen in der Kälte frieren muss, liege ich im warmen Bett mit ihr. Dann ignoriert sie ihn.

Der Garten meiner Kindheit

Es begann in München. Auf einer der ersten Luftaufnahmen der Stadt, ungefähr 1917 von Bord eines Luftschiffs aus fotografiert, sieht man links oben in der Ecke den Garten meiner Kindheit. Eigentlich ist es der Garten meines Großvaters und seiner Familie, denn damals war noch nicht einmal mein Vater geboren, von mir ganz zu schweigen.

Den Prinzregentenplatz, wo ein paar Jahrzehnte später ein schnauzbärtiger Verrückter, der die Welt ins Unglück stürzte, wohnte, kann man erkennen und eine nach Osten führende Landstraße, von Alleebäumen, Wiesen und Weiden gesäumt. Und dann stehen fast genau da, wo heute im Tunnel des Mittleren Rings der Verkehr vierspurig braust, noch zwei Wohnhäuser und ein backsteinernes Fabrikgebäude.

Ach ja, und ein schmaler, wie ein Deich zwischen Wiesen aufgeschütteter Feldweg führt von besagtem Prinzregentenplatz schnurgerade auf das eine Haus zu. Der Legende nach hat ihn mein Urgroßvater anlegen lassen, weil er sich dann vor seinen geliebten St. Georg Weinstuben (die viele Jahrzehnte überdauerten, aber inzwischen zum indischen Lokal mutiert sind) nur in die Kutsche fallen lassen musste und das Pferd dann immer geradeaus nach Hause laufen konnte. Die Einfahrt war breit genug für Ross und Wagen, und Urgroßvater konnte trockenen Fußes – er hatte nach einer Kriegsverletzung nur noch einen – aussteigen und mit seinem Lift, einem der ersten privaten Aufzüge in München, zu Urgroßmutter in den ersten Stock fahren. Soweit die Familienlegende.

Neben den Wohnhäusern und dem Fabrikgebäude also erstreckte sich der Garten: 4000 Quadratmeter pappelgesäumtes Paradies. Auf dem Foto kann man leider nicht erkennen, wie der Garten damals angelegt war. Und ich habe ihn ja erst vierzig Jahre später vom Kinderwagen aus kennengelernt.

Zu meiner Zeit teilten sich drei Familienzweige diesen Garten. Ganz links, gleich neben den Häusern, begann das Reich meiner Tante Bertha. Hinter einem kleinen grünen Türchen führte eine steile, efeubewachsene Treppe hinab in den vielleicht drei Meter unter Straßenniveau liegenden Garten. Hier war alles piekfein und ordentlich: Der Rasen regelmäßig gemäht, das Unkraut gezupft, die Rosen geschnitten. An einem Ende des Gartens stand ein hölzernes Häuschen für die Gartengeräte, mit einer Bank zum Ausruhen davor. Als Kinder brauchten wir nicht lange, um herauszubekommen, dass darunter der Wasserhahn versteckt war, mit dem man die weiße Porzellangans im Zentrum des runden Goldfischteichs mitten in Tantes Garten zum Wasserspeien bringen konnte. Zum Sonntagskaffee saßen Tante Bertha und Onkel Otto, ein Genussmensch, der mit Vorliebe Blumenaquarelle malte, hinter einem blühenden Rosenbogen auf einem gepflasterten Platz und versuchten die lärmende Bagage im restlichen Teil des Garten zu ignorieren.

Denn unmittelbar hinter der durch einen hüfthohen Drahtzaun markierten Grenze begann unser Teil des Paradieses, das von Herrn Held, einem entfernt ebenfalls zum Familienclan gehörenden Gärtner, in Schuss gehalten wurde. Heute weiß ich, unter welchen Mühen er diesem Garten wahre Wunderdinge abgerungen hat. Damals war es selbstverständlich, dass darin massenweise Erdbeeren, Johannisbeeren, Stachelbeeren, Walderdbeeren, Himbeeren, frische Erbsen, gelbe Rüben, Rettiche, Rhabarber, Kirschen, Äpfel, Birnen, Zwetschgen, Spinat, Salat und Kräuter zur freien Bedienung wuchsen.

Wir Kinder stopften uns die kleinen Mäuler mit

Beeren voll, bis uns der rote Saft übers Kinn lief. Wir holten uns die zartesten gelben Rüben frisch aus der Erde und ritzten die Schalen der Erbsenhülsen mit dem Daumennagel auf, um die köstlichen Erbsen herauszubekommen. Wir hauten uns die Bäuche voller Kirschen, bis wir uns vor Bauchschmerzen krümmten und zu guter Letzt schlugen wir unsere Milchzähne in die harten, wässrigen, aber zuckersüßen Birnen, die ich heute noch jeder anderen Birnensorte vorziehe.

Gar nichts anfangen konnten wir mit den Holunderbeeren, die an der Böschung rund um den Garten wuchsen. Höchstens, dass wir uns mal einen Holunderzweig abbrachen, das weiche Mark herausschälten und versuchten, mit dem Taschenmesser daraus eine Pfeife zu schnitzen, wie das in den Kinder- und Jugendbüchern immer so schön beschrieben war. Leider gelang es mir nie, diesen selbst gebastelten Flöten Töne zu entringen.

Die Holunderbüsche hatten dennoch ihr Gutes. Man konnte sich in ihnen rund um das gesamte Grundstück schleichen, ohne gesehen zu werden. Und in dem Holzzaun, der sie von der Straße trennte, fehlte immer wieder mal eine Latte, so dass man sich heimlich hindurchquetschen und fortschleichen konnte, um für ein Zehnerl ein Eis holen zu gehen. Dummerweise war der Zaun auch in der anderen Richtung durchlässig, was beim Indianerspielen unangenehm werden konnte. Denn unser Garten war auch so etwas wie eine Festung gegen die feindlichen Nachbarstämme, und nur die besten Freunde durften einem helfen, dieses weitläufige Fort mit Kastanienwürfen zu verteidigen.

Der wichtigste Teil des Gartens aber war die große Wiese, die auf beiden Seiten von großen Teppichstangen umrahmt war. Manchmal wurden hier Teppiche geklopft und an dazwischen gespannten Seilen Wäsche zum Trocknen aufgehängt, aber meistens dienten die Stangen als perfekte Fußballtore für uns. Das unterschied unsere Fußballwiese ganz wesentlich von all den anderen Wiesen rundherum. Wo sonst gab es schon richtige Tore, sogar mit einer Querlatte, so dass es nie Streit über Tor oder Nicht-Tor gab? Und noch zwei Vorteile hatte unsere Fußballwiese: Erstens wurde sie von Herrn Held von Zeit zu Zeit mit der Handsense kunstgerecht gemäht, und zweitens gab es bei uns keine Schafe, so dass man auch nicht dauernd in der Schafscheiße ausrutschte.

An Tieren herrschte – einmal abgesehen von den obligatorischen Wespen auf Mutters Sonntags-Zwetschgenkuchen – überhaupt ein auffälliger Mangel im Garten meiner Kindheit. Als ich ganz klein war, hatte es wohl mal einen Schäferhund gegeben, der aber bald überfahren wurde und keinen Nachfolger hatte. An Katzen kann ich mich nicht erinnern, obwohl die zahlreichen Vogelnester und die Mäuse ihnen sicher ein sorgenfreies Leben ermöglicht hätten.

Nur ein einziges Mal kam wirklich tierisches Leben in unseren Garten, als ich im erlebnishungrigen Alter von zwölf Jahren beschloss, mich zusammen mit einem Freund zweier Kaninchen anzunehmen. Diese wurden im, noch aus grauer Vorzeit übrig gebliebenen, leer stehenden Hasenstall einquartiert. Wir versprachen, uns intensiv um Futter und Pflege zu kümmern, hatten dabei aber blöderweise übersehen, dass es sich um ein Pärchen handelte. Es kam, wie es kommen musste. Binnen Kurzem war aus dem Pärchen eine zwölfköpfige Großfamilie geworden, deren jüngstes Mitglied wir sogar mit dem Fläschchen fütterten. Inzwischen war es Winter geworden und ich musste mir zweimal täglich durch tiefen Schnee den Weg zum Hasenstall bahnen, um das Dutzend gefräßiger Nager mit geschnitzelten Zuckerrüben zu versorgen.

Leider war ich nicht nur für die Ver-, sondern auch für die Entsorgung zuständig. Niemand kann sich in der Theorie vorstellen, wie viel Mist zwölf Kaninchen machen können. Schubkarrenweise schaufelten ich und mein jüngerer Bruder stinkende, kleine schwarze Perlen.

Als das Frühjahr kam, musste eine Entscheidung fallen. Und die fiel nicht einmal mir dann mehr schwer. Die Kaninchen wurden zum Preis von damals drei Mark meinen Mitschülern angeboten, von denen einige Nichtsahnende auch begeistert zugriffen, andere Kaninchen wurde an entfernte Bekannte verschenkt, und das letzte bekam Herr Held. Ich vermute, er hat es sich schmecken lassen, jedenfalls wurde es nie wiedergesehen.

Dem Erfolg als junger, dynamischer Kaninchenzüchter standen völlige Misserfolge auf gärtnerischem Gebiet gegenüber: Sämtliche Versuche, in einer uns Kindern überlassenen Ecke des Gartens ein Beet, etwa mit Radieschen anzulegen, scheiterten kläglich. Bald nachdem der Tütensamen unter die Erde gebracht war, zeigten sich zwar erste grüne Spitzen, die sich auch zu einem kräftigen Kraut auswuchsen, allein unter der Oberfläche tat sich rein gar nichts. Kümmerliche und ungenießbare rote Gebilde waren alles, was wuchs. An der Erde kann es nicht gelegen haben, schließlich gedieh gleich nebenan alles bestens. Das Klima war auch dasselbe, es muss also der Samen aus der Tüte gewesen sein, der meinen aufkeimenden gärtnerischen Ehrgeiz so schnell wieder zunichtemachte. Vorerst blieb ich konsumierender Nutznießer des gärtnerischen Eifers anderer.

Mit dem Garten meiner Kindheit nahm es ein jähes Ende, als das Grundstück verkauft wurde. Im Frühherbst wurde der große Schornstein in einer spektakulären Aktion gesprengt und seine roten Ziegelsteine fielen auf die Himbeersträucher, die wir dummerweise noch nicht einmal vorher leer gefuttert hatten. Zu unbegreiflich war, dass all das Selbstverständliche mit einem Mal nicht mehr da sein sollte.

Wenig später fuhr ein gnadenloser Bagger mit der Abrissbirne durch den Salat und die Erdbeerrabatten. Die vom Blitz ohnehin schon angeschlagene, riesige Kastanie, in der noch die Reste des Baumhauses meines Bruders hingen, wurde gefällt. Den gewaltigen Pappeln rund um das Grundstück ging es ebenso, kein Baumschutzbeauftragter hielt sie für rettenswert. Ganze acht Bäume wurde von einer aus England angereisten Spezialfirma ausgegraben und mitsamt Wurzelballen auf ein Nachbargrundstück verpflanzt. Ein paar davon gingen bald ein, einige blieben stehen, und zwei Birnbäume kamen nach dem Bau des neuen großen Miets- und Bürohauses zurück aufs alte Grundstück. Wie es mit den Kirschbäumen zu Ende ging, weiß ich nicht mehr. Wahrscheinlich konnten wir das Elend, das die Familie wohlhabend machte, da schon nicht mehr mitansehen.

Die Yucca-Palme

Von Pflanzen und Gärten hatte ich nach dem traurigen Ende des Gartens meiner Kindheit erst einmal genug. Alles Grünzeug war dekadent und spießbürgerlich, die Usambaraveilchen auf der Fensterbank meiner Mutter als Geburtstagsgeschenke wohlmeinender Verwandtschaft nicht wegwerfbar, und die Geranien auf dem Balkon verströmten einen seltsam-bitteren Geruch, den ich noch heute nicht ausstehen kann.

Nur eine einzige Pflanze konnte vor meinen kritischen Studentenaugen bestehen: Eine Yucca-Palme, wie sie damals zur obligatorischen Grundausstattung jeder WG gehörte. Ein Stück Ast, aus dem seitlich ein gelblich-grüner Trieb herauswuchs, der harte, spitze Blätter produzierte und dabei immer länger wurde. Yucca-Palmen haben die grandiose Eigenschaft, in geschlossenen Räumen nahezu jede Art von Pflege bis hin zur völligen Nichtversorgung zu überstehen. Selbst wochenlange Trockenheit wegen Abwesenheit oder andersgearteter Interessen des Besitzers können einer Yucca-Palme nicht den Garaus machen. Zwar wird der Trieb immer gelber und schwächlicher, zwar vertrocknen die unteren Blätter, aber ein bisschen Leben ist in so einer Yucca-Palme immer noch.

Wer sie loswerden möchte, und das ist früher oder

später jeder, muss zum Mörder werden. Wer darauf vertraut, das Teil so lange »vergessen« zu können, bis es abgestorben ist, um es dann mit geheuchelter Trauer im Blick entsorgen zu können, hat Pech gehabt. Diesen Gefallen wird einem eine Yucca-Palme nicht tun. Andererseits bietet einem eine Yucca-Palme auch keinerlei Gelegenheit, seinen grünen Daumen zu entwickeln. Im besten Fall wachsen bei günstiger Beleuchtung, Temperatur und Wässerung die Triebe etwas schneller und die Blätter sind etwas grüner. Ein langweiliger Staubfänger, der aussieht wie ein Holzpflock mit angeklebten Blättern, bleibt die Yucca-Palme dennoch.

In ihrer Treue und Anspruchslosigkeit indes dürften die Gründe liegen, weshalb die Yucca-Palme gerade in Junggesellenhaushalten so weit verbreitet war. Mein, damals für ein paar Mark erstandenes, Exemplar überstand fünfzehn Jahre lang alle halbherzigen Mordversuche, und erst Petra, meine spätere Frau, hatte beim Umzug in unsere erste gemeinsame Wohnung die Kaltblütigkeit, die kümmerlich sprießenden Überreste in einem unbeobachteten Moment in eine Plastiktüte zu stecken und sie in den Müllcontainer zu werfen. Wie ich meine Yucca-Palme kenne, hat sie sich dort von einem mitleidigen Hausbewohner entdecken und retten lassen.

Erste Eroberung

Als ich nach Hamburg kam, zog ich innerhalb von drei Monaten achtmal um. Von einem Hotel ins andere, von einem Apartment ins nächste. Das Hotelzimmer war nicht länger frei oder dem Verlag zu teuer, das Studio im 17. Stock des Hochhauses gab ich nach einem Tag wieder auf, weil mir jemand erzählt hatte, das sei das sogenannte »Selbstmörderhaus«, was ich sofort glaubte, als ich den berauschenden Sog spürte, der mich überfiel, als ich ganz nah ans Panoramafenster trat und nach unten blickte.

In der Mittagszeit, vor und nach der Arbeit las ich Wohnungsanzeigen und besichtigte »Objekte«. Ich kannte mich in der Stadt nicht aus, landete in den seltsamsten und abgelegensten Stadtteilen, bis ich mich allmählich zurechtfand und wusste, wohin wir in etwa ziehen wollten.

Eines Mittags reihte ich mich in die vier Dutzend Bewerber um eine Parterrewohnung mit Garten ein. Klein und etwas seltsam geschnitten war die Wohnung, aber das Haus war eines jener Hamburger Stadthäuser, deren Charme mich seit der Ankunft an der Elbe so fasziniert hatte. In München hatte es solche Häuser nicht gegeben: Elegant, aber nicht protzig, großzügig, bürgerlich, großstädtisch, mit hohen Räumen und – in diesem speziellen Fall gleich zwei –

Wintergärten. Einer nach vorne zur Straße, einer nach hinten zum Garten hin.

Sagte ich Garten? Wildnis wäre passender gewesen. Ein schmales, langes, grünes, verwildertes Handtuch. Der Rasen war bestimmt seit einem Jahr nicht gemäht worden. Die dicken Grasbüschel lagen platt geknickt auf dem Boden. Unterm Pflaumenbaum verrotteten die Überreste Hunderter von Zwetschgen. Die Beete waren vom Unkraut überwuchert. Eine stachelige Ranke durchzog den hinteren Teil des Gartens, der gepflasterte Teil am hintersten Ende war völlig verdreckt, überall lagen Überreste der Hausrenovierung: zerbrochene Ziegel, Glasscherben, Nägel, Dachpappe und was weiß ich noch alles.

Aber die Wildnis hatte was: zwitschernde Vögel und immerhin fast fünfzig Meter freien Blick in eine Art Parklandschaft, an deren Ende mächtige Rhododendren standen. Und das mitten in der Großstadt.

Um es kurz zu machen: Wir bekamen die Wohnung. Was uns unter all den Mitbewerbern hervorhob, weiß ich nicht. Vielleicht spürte der Garten instinktiv, dass wir ihm guttun würden, und gab dem Makler einen Tipp.

Wir zogen ein und eroberten unser neues Reich: Zwei Zimmer, zwei Wintergärten, Küche, Bad, Flur. Und Garten.

Wie erobert man einen Garten? Wir hatten uns beide noch nie um einen Garten kümmern müssen, immer die Früchte anderer Leute Gartenarbeit genossen. Was fängt man mit einem Garten an, wie macht man aus einer vernachlässigten Wildnis ein Idyll?

Wir begannen mit ganz einfachen Aufräumarbeiten. Der Bauschutt musste weg, der Rasen gemäht werden. Wir kauften im Baumarkt einen elektrischen Rasenmäher samt Verlängerungsschnur und begannen zu mähen. Das kann jedes Kind. Aber der Rasenmäher verschluckte sich sofort und blieb mit einem widerlichen Geräusch stehen. Das Gras war schlicht und einfach zu lang für ihn. Es wickelte sich in Sekundenschnelle um das rotierende Messer. So ging's jedenfalls nicht. Wir waren ratlos. Wie anders als mit einem Rasenmäher kann man einen Rasen mähen?

Wir fuhren zurück in den Garten- und Baumarkt, durchforsteten das Angebot. Da gab es Sensen. Mit der Sense zu mähen, ist eine Kunst, das wusste ich. Keiner von uns hatte je eine Sense in der Hand gehabt. Wir kannten auch niemand, der sensen konnte. Es gab sogenannte Nylonfadenmäher: Eine Stange mit einem dünnen Nylonfaden am unteren Ende. Der Faden rotiert und köpft die Halme. Dafür müssen die Halme aufrecht stehen. Unsere lagen flachgedrückt am Boden.

Und es gab Rasenkantenscheren. Um 90 Grad abgewinkelte Scheren, die dazu gedacht sind, überall da ein paar Grashalme abzuschneiden, wo man mit dem Rasenmäher nicht hinkommt.

Wir kauften so eine Schere.

Der Eroberungsfeldzug begann. Unser Rasen bekam einen Individualschnitt. Sitzend und knieend schnitt ich jedes einzelne Grasbüschel auf 150 Quadratmetern. Stundenlang, tagelang. Mit der linken Hand hob ich die Grasbüschel an, mit der rechten Hand schnitt ich. Mein Rücken schmerzte, mein Unterarm schmerzte, und am Abend zitterte meine rechte Hand so, dass ich kein Glas mehr halten konnte. Allein beim Gedanken an diese Arbeit bekomme ich noch heute einen Muskelkater in der Hand.

Aber der Rasen bekam allmählich Fasson. Quadratmeter um Quadratmeter arbeitete ich mich vor. Müllsack um Müllsack voller Gras trug ich zum Kompost, nicht wissend, das Gras so schwer verrottet, dass es fast nicht kompostierbar ist.

Irgendwann war ich fertig, völlig fertig. Dann verpasste ich unserem Rasen noch einen Radikalschnitt mit dem Elektro-Rasenmäher, der jetzt surrend durch die kurzen Halme fuhr.

Der Rest war dagegen ein Kinderspiel. An ein paar kahlen Stellen wurde Grassamen nachgesät, die vertrockneten Überreste der Rhododendronblüten mussten herausgebrochen, die Pflaumenreste eingesammelt, das Unkraut gejätet werden. Berge von

Laub rechten wir zusammen, die wilde Ranke wurde so tief wie möglich abgeschnitten und, als der Trieb abgestorben war, entsorgt. Der Terrassenplatz wurde eifrig geschrubbt, und zum ersten Mal in unserem Leben kauften wir Pflanzen ein.

Wir hatten keine Ahnung, was wir kaufen sollten. Also probierten wir dies und das: Gladiolen- und Sonnenblumensamen, Lavendel, Rosen, einen Mandel- und einen Himbeerstrauch. Manches ging an, anderes ein. Manches gefiel uns, anderes hätten wir am liebsten nach ein paar Tagen wieder herausgerissen. Aus Respekt vor den Pflanzen ließen wir es trotzdem stehen, aber mangelnde Zuneigung und Fürsorge machten den ungeliebten Exemplaren über kurz oder lang doch den Garaus.

Als der Sommer kam, war unser Glück vollkommen. Mochten in der Wohnung überall noch die nackten Glühbirnen von der Decke hängen und die Bücher sich am Boden stapeln. Unser Garten war ein Paradies. Es war uns gelungen, die sleeping beauty wiederzuerwecken. Wir hatten uns das kleine Stückchen Erde mühsam erobert und uns dabei mit dem Gartenvirus angesteckt. Nie wieder würden wir ohne Garten leben mögen, der vielen Arbeit und dem gelegentlichen Frust zum Trotz.

Der Wunderhibiskus

Er kam wie ein Gentleman: mit Fahrer in Uniform. Der Wagen hatte eine Menge PS und unser neuer Mitbewohner wurde sanft chauffiert. Zu Hause hatte er noch etwas zu trinken bekommen, und als er bei uns eintraf, war er in Bestform. Groß gewachsen und trotz seines noch jugendlichen Alters schon von vielversprechender Statur. Er stammte sichtlich aus gutem Hause und machte einen äußerst gepflegten Eindruck. Aus ihm konnte einmal etwas werden. Das war nicht selbstverständlich, denn viele seiner Artgenossen, die man in der Stadt so sah, waren auf den ersten Blick ebenso schmuck und gutaussehend. Mit der Zeit wurde aber bei den meisten von ihnen deutlich, dass hinter der hübschen Fassade wenig echte Substanz steckte. Seine Familie stammte ursprünglich aus dem feuchtheißen Süden Chinas, war aber schon vor vielen Jahrhunderten nach England gekommen und hatte ihre Nachfahren inzwischen über ganz Europa verstreut. Im Prinzip hatte man sich gut akklimatisiert, aber die trocken-kalten europäischen Festlandswinter machten ihm und seinen Verwandten doch immer wieder zu schaffen. Wir nahmen uns jedenfalls vor, pfleglich mit ihm umzugehen und gut für ihn zu sorgen, schließlich war unser Hibiskus das Einzugsgeschenk eines guten Freundes.

Wir stellten ihn in einem großen Topf an ein Südfenster im Schlafzimmer und gossen ihn täglich. Er dankte es uns mit großen, roten Blüten und leuchtend grünen Blättern, und wir genossen seinen Anblick. Er schien wie geschaffen für uns, die wir von Zimmerpflanzen wenig Ahnung hatten, war er doch einfach zu handhaben, dankbar und trotzdem kein Mauerblümchen.

So ganz langsam aber veränderte er sich. Irgendetwas schien ihn zu stören. War es das direkte Sonnenlicht? War es der leichte Zug durchs spaltweit geöffnete Fenster? Er wirkte schwächlicher, ein paar Blätter wurden gelb und fielen ab, er blühte seltener. Wer ihn nicht bei seiner Ankunft und in den Wochen danach gesehen hatte, dem fiel die Veränderung zuerst kaum auf, und auch wir brauchten eine Zeitlang, um zu merken, dass etwas mit ihm nicht stimmte. Er war immer noch eine stolze, schöne Pflanze, aber man konnte täglich mehr feststellen, dass es ihm nicht gut ging. Wir stellten ihn um, etwas weiter vom Fenster weg, wir drehten ihn etwas, staubten die Blätter ab, um ihm das Atmen zu erleichtern, und es ging ihm etwas besser.

Und dann passierte es: Wir fuhren zwei Wochen in Urlaub und baten einen Freund, unseren Hibiskus zu gießen. Was wir nicht sagten, war, wie oft er Wasser brauchte. Als wir zurückkamen, hatte er schon die Hälfte seiner Blätter verloren, war nur noch ein kümmerlicher Schatten seiner selbst. Die restlichen Blätter waren saft- und kraftlos, hingen schlapp von den Ästen. Keine Knospen, keine Blüten waren zu sehen. Er war am Ende und Petra wollte ihn schon aufgeben.

Etwas musste geschehen, ich musste mich um ihn kümmern, ihn wieder aufpäppeln. Zuerst duschte ich ihn und goss ihn kräftig, dann entschuldigte ich mich bei ihm in aller Form. Das ist wörtlich zu nehmen. Was Prinz Charles kann, kann ich schon lange. Warum sollte man nicht mit Pflanzen reden? Vielleicht können sie einen ja wirklich hören, vielleicht spüren sie so etwas wie Zuneigung und Sympathie in den akustischen Schwingungen? Außerdem vergibt man sich ja nichts dabei: Sie widersprechen einem nicht und die Nachbarn und Freunde, die einen für einen Spinner halten würden, können einem ja nicht dabei zuhören.

Ich sprach also mit unserem Hibiskus, erklärte ihm, warum wir ihn allein gelassen hatten, dass es uns leid täte, dass man ihn so vernachlässigt hatte. Dass wir uns bessern wollten. Dass er in Zukunft genug Wasser und Pflege bekommen würde. Ob er mir glaubte, weiß ich bis heute nicht. Er hat es uns logischerweise nicht gesagt, aber wir glaubten Anzeichen der Besserung zu erkennen. So wie wir uns mit ihm Mühe gaben, gab er sich selbst auch Mühe und kämpfte, um wieder zu Kräften zu kommen.

Wenn er noch ein gelbes Blatt zeigte, zupfte ich es sofort ab, damit er keine unnötig Kraft verschwendete. Die grünen Blätter polierte ich sorgfältig, ich topfte ihn um und machte mich schlau, was ich ihm sonst noch Gutes tun könnte. In irgendeiner Gartenzeitschrift las ich, dass manche Leute ihre Pflanzen mit Kaffeesatz düngen. Wir trinken keinen Kaffee, sondern Tee. Und ausgekochte Teeblätter wollte ich ihm dann doch nicht zumuten. Also schlossen wir einen Kompromiss. Unser Hibiskus durfte ab sofort mit uns frühstücken. Allmorgendlich goss ich ihn mit dem übrig gebliebenen und abgekühlten Frühstückstee.

Der Erfolg war sensationell. Beinahe schlagartig ging es ihm besser. Er bekam neue zartgrüne Blättchen, die Triebe sprossen. An mehreren Stellen gleichzeitig bildeten sich Blüten, er wuchs und gedieh. Als wir im Sommer ein Foto aus dem Januar fanden, konnten wir es kaum glauben, dass darauf der gleiche Hibiskus zu sehen war, der jetzt kraftstrotzend vor uns stand und ein Dutzend Knospen gleichzeitig trug.

Und er wächst immer schneller. Inzwischen ist unser Wunderhibiskus über zwei Meter hoch und beansprucht eine Fläche von fast fünf Quadratmetern. Mehr und mehr verdrängt er uns aus dem Esszimmer, drückt uns an die Wand. Wenn wir zum Abendessen einladen, haben statt früher sechs nur noch vier Gäste Platz im Raum, von denen sich unser Hibiskus stolz bewundern lässt.

Von der Eigenheit seiner Sippe, die sich auch Roseneibisch oder Chinarose nennt, Blüten nur von März bis Oktober zu bekommen, weiß er nichts. Das ganze Jahr über hat er, ohne müde zu werden, ständig mehrere Blüten. Wir kochen morgens nach wie vor ein paar Tassen Tee mehr und finden ab und zu gute Worte für unser Sensibelchen. Von Zeit zu Zeit wird er etwas beschnitten, damit wir auch noch Platz im Zimmer haben, und ab und zu setzen wir ihn ein bisschen auf Schonkost. Wenn wir nämlich einmal übers Wochenende wegfahren und ihn ganz bewusst zwei Tage lang nicht gießen. Ganz schnell werden dann wieder ein paar Blätter gelb und fallen ab, aber irgendwie scheint er sich dabei ganz wohl zu fühlen und uns die Zwangsdiät nicht übel zu nehmen. Binnen Tagen fängt er sich anschließend wieder und erstrahlt in neuer Schönheit.

Ein neues Haus, ein neuer Garten

Welch ein Anblick! Durch die vermoderte Holztür des sogenannten Kaminzimmers spähten wir nach draußen in das, was bestimmt einmal ein hübscher Garten gewesen war. Eine Wüste war daraus geworden, allerdings eine ziemlich feuchte. Farne, wohin das Auge schaute. Feingliedrige, hellgrüne, wunderschöne Farne, von Ausmaßen, wie man sie höchstens im mittelamerikanischen Regenwald erwartet hätte. Jedes Fleckchen feuchtschwarze Erde war mit Farnen bewachsen. Die Spinnen hatten ihre silbrigen Fäden zwischen ihnen gesponnen, Elfen mochten nachts auf ihnen seiltanzen. Und dazwischen ragte einsam ein mächtiger, sattgrüner Kirschlorbeer mit feisten Blättern fast drei Meter in die Höhe. Die frühere Beetumrandung aus grauen Steinen verworfen und schief, eine rostige Stange zum Teppichklopfen aus der Verankerung gerissen, die rosarote Hortensie struppig verwildert, der Boden durchnässt vom Stauwasser – nein, da konnte man sich beileibe keine zukünftige Idylle vorstellen.

Rechts und links ans Haus geklebt zwei winzige, halb verfallene Schuppen. Gemauert zwar, aber völlig marode und windschief. Der Regen leckte durchs Pappdach, drinnen roch es muffig und modrig. Aber wir fanden nicht nur ein paar alte, verrostete Gartengeräte und eine Leiter darin, sondern auch einen herrlichen, geflochtenen Liegestuhl wie aus kolonialen Zeiten. Bestimmt hatte ihn die Vorbesitzerin, die einst Chefstewardess auf den großen Kreuzfahrtschiffen ihrer Zeit gewesen war, aus fernen Landen mit nach Hamburg gebracht und über ihre alten Tage im Schuppen vergessen.

Wann mochte sie, die mit 93 Jahren hier in diesem Haus gestorben war, zuletzt in diesem Stuhl in diesem damals noch idyllischen Garten gesessen haben? Als ihre Beine immer müder wurden und ihr die Treppe ins Gartengeschoss zu schwer wurde, hatte sie bestimmt vom Esszimmerfenster aus mit Trauer den langsamen Verfall ihres Gartens beobachtet. Sie hatte zugesehen, wie die Farne sich Jahr um Jahr breitermachten, weil durch die unbeschnittenen Kronen der Obstbäume nicht genug Licht in den Garten fiel, und nur der gelb glühende Goldregen, der bis in die Höhe des Küchenfensters ragte, mochte ihr noch manchmal eine vage Erinnerung an das einstige Idyll gewesen sein.

Und jetzt war dieser Garten ein verwahrlostes Fleckchen Erde inmitten all der gepflegten Gärten rundum. Noch nicht einmal ein Garten, den sich die Natur zurückerobert hatte, keine verwunschene, geheimnisvolle Märchenlandschaft mit lauschigen Eckchen, in denen man den Mond anhimmeln konnte, kein unordentliches, aber umso vielseitigeres spannendes Biotop, nein wahrlich ein Schandfleck, den man schon sehr genau ansehen musste, um zu sehen, welche Möglichkeiten sich da boten.

Und doch verliebten wir uns Knall auf Fall in diese knapp hundert Quadratmeter, die so viel Mühsal versprachen. Wir verliebten uns in die Birnbäume, weil es für mich kaum schönere Bäume gibt, wenn man von meinen heißgeliebten Birken einmal absieht. Petra verliebte sich sogar in die Farne, deren Schönheit ich erst viel später entdeckte. Damals waren sie für mich nicht mehr als lästiges Grünzeug, das den Garten füllte. Wir verliebten uns in den Goldregen, den wir frevelhafterweise dennoch als Ersten fällten, weil wir Angst um die Kinder hatten und er dem halben Gartengeschoss das Licht raubte. Und Petra verliebte sich in die Hortensie, die mich noch heute eher erschreckt, weil sie mich an Friedhöfe erinnert.

Über den Kirschlorbeer waren wir uns ganz schnell einig. Der erschien uns nur langweilig und grün. Und er nahm den halben Garten ein. Also musste auch er dran glauben, denn wir hatten keinen Platz zu verschenken. Er wurde schlicht und einfach knapp über dem Boden abgesägt.

Wir hätten es ahnen können. Wer in solch einem Garten noch in voller Größe prunkt, ist so leicht nicht umzubringen. Um es vorweg zu nehmen: Ein paar Monate später hatte er beinahe schon wieder seine volle Größe erreicht. Die Aktion schien ihm geradezu ein Jungbrunnen gewesen zu sein. Wieder und wieder haben wir ihn seitdem beschnitten, immer wieder meldet er sich in vollem Glanz zurück. Ihn mitsamt den Wurzeln auszureißen, dazu haben wir keinen Mut mehr. Wer so stark ist und so ums Überleben kämpft, hat sich seinen Platz im Garten und ein kleines bisschen Zuneigung auch verdient.

Digitales Grün

Pläne sind eine schöne Sache. Auf dem Papier entsteht in Windeseile eine Oase, bei deren Anblick Vita Sackville-West neidisch geworden und Jürgen Dahl der Mund offen stehen geblieben wäre. Ein paar Striche hier, ein Farbklecks da und viel Phantasie schon ist der Garten beinahe fertig. Wir baten jedenfalls einen richtigen Gartenplaner um einen Vorschlag, und bald darauf kam so ein gelbes Pergamentpapier mit ein paar hübschen Kreisen darauf. Dazu der Vorschlag, einen von ihm angelegten Garten in der Nähe zu besichtigen. Als Referenz sozusagen.

Wir gingen hin, begrüßten die stolzen Besitzer – und sahen keinen Garten. Nur Pflastersteine. Ein schönes großes Grundstück, zu zwei Dritteln zugepflastert. Dazwischen ein paar Fleckchen Erde, auf denen sich mühsam einige Pflanzen festkrallten. Höflichkeitsformeln murmelnd flüchteten wir.

Zu Hause holten wir die Visitenkarte des Künstlers hervor. Da stand es ja auch: »Gartenplanung, Erd- und Pflasterarbeiten«. Die Schwergewichte seiner Arbeit hatten sich wohl eindeutig nach einer Richtung hin verschoben.

Wir wollten einen Garten, keinen gepflasterten Hof. Wir besahen unser Trümmergrundstück, den Plan des Künstlers und viele Bücher. Der Haus- und Grundbesitzerverein versorgte uns mit einem Gartenplan-Set, einer Art Schnittmusterbogen für Kleingärtner. Da gab es eine Hollywood-Schaukel und einen Grillplatz zum Ausschneiden. Wir wollten keine Hollywood-Schaukel und keinen Grillplatz. Wir wollten eine kleine, lauschige Stadt-Oase. Einen Ort, um zur Ruhe zu kommen, etwas Natur zu spüren, zum Entspannen und Zurückziehen. Einen Platz der Sinne, der Farben und Gerüche. Beruhigendes Grün für die Augen. Nichts zum Angeben, nichts für den nachbarschaftlichen Konkurrenzkampf, nur etwas für uns.

Wir stritten uns heftig. Petra wollte eine Wiese mit Garten drumherum zum Sonnen und fürs häusliche Picknick. Mir erschien der Garten zu klein dafür. Eine Wiese braucht Platz. Ich gewann. Mein K. o.-Argument war, dass eine Wiese mehr Sonne braucht, als wir ihr hätten bieten können. Dagegen kann man nicht argumentieren. Sonne kann man nicht kaufen.

Ich versuchte, ein Gefühl für den Ort und den Raum zu bekommen, und schön langsam wurde mir klar, dass ein halbwegs formaler Garten am besten passen würde. Er kommt mit wenig Platz aus und wirkt doch großzügig. Er erlaubt verschiedene Bereiche, man kann kurze Sichtachsen bilden, den Raum einteilen. Ich setzte mich an den Computer und spielte mit unserem zukünftigen Garten. Flugs lässt sich da mit ein paar Mausklicks ein Bauerngarten aufreißen. Hier das Wegkreuz, dort die Buchsbaumumrandungen, da der Brunnen, der Phlox hier ins Eck, der höhere Rittersporn dahinter, der niedrige Ziest davor, der Kräutergarten kommt gleich vors Haus, damit man auch bei Regen von der Küche nur ein paar Schritte hat und so weiter und so fort. Die Komposition gefällt nicht? Das Rosenbeet würde da rechts doch viel besser hinpassen? Bitteschön, kein Problem: Mit dem Mauszeiger anklicken, rüberziehen, ein bisschen größer geht's auch noch. Wie bitte? Einen Platz für Tisch und Stühle zum Sonntagnachmittagskaffeeklatsch wird dringend nachgefragt? Na gut, dann muss eben ein Rhododendron dran glauben. Sind ja bis jetzt alles nur Bits und Bytes.

Inzwischen geht das alles noch einfacher, weil es längst digitale Gartenplan-Apps gibt, in denen Margeriten, Königskerzen, Ehrenpreis, Sonnenblumen oder Mohn alle ihre eigenen Symbole haben. Da gibt man dann die Standortdaten (»Halbschatten, windgeschützt, leicht lehmiger Boden«), Gartengröße, das Finanz- und Zeitbudget ein, und Mr. Gates und Co. empfehlen einem dann die passenden Pflanzen und zaubern aus ihrem digitalen Schatzkästchen auf Knopfdruck das Paradies.

Und wenn man dann ein automatisches Gießsystem anschließt, wird das auch noch vom selben Programm gesteuert. Nur zum Unkrautjäten kommen die Computerfexe leider nicht vorbei.

Von Säbelfechtern und Juristen

Ein Garten verschafft einem eine gehörige Portion Befriedigung, wenn alles so wächst und gedeiht, wie man sich das vorgestellt hat. Es gibt einem Ruhe und Gelassenheit, wenn man sich im Liegestuhl zurücklehnt, zusieht, wie der Phlox sich im Wind wiegt, wie die Zitronenfalter und Tagpfauenaugen den lila Schmetterlingsflieder umschwirren, wie die Hummeln an den Blüten des Ehrenpreis naschen, und sogar wenn sich die Amseln an den Johannisbeeren gütlich tun, kann man dem noch etwas Gutes abgewinnen. Es ist ohnehin einfacher, die

Johannisbeeren auf dem Markt zu kaufen. Gartenarbeit ist lustvolle Arbeit, macht Spaß, ist gesund (wie man am Muskelkater merkt) und entfernt einen von der seltsamen Welt draußen, der schnöden Jagd nach dem Mammon. Man wird im wahrsten Sinne des Wortes neu geerdet.

Ich halte allerdings viel davon, wenn sich körperliche Anstrengungen in einem gewissen Rahmen halten. Und wenn ich mir unsere feuchte Moorlandschaft voller Bauschutt und Farne so anschaute, sah das nach verdammt viel harter, körperlicher Arbeit aus. Da konnte man nicht einfach den Plan aus dem Computer in die Hand nehmen und hier einen Jasmin oder dort die Rhododendren einfach in die Erde setzen. In diesem Garten war Grundsätzliches vonnöten. Der ganze Garten musste umgegraben, die Erde gesiebt, der größte Teil der Farne samt Wurzeln entfernt werden, bevor auch nur die erste neue Pflanze gesetzt werden konnte.

Was macht man, wenn es Anstrengendes zu tun gibt? Man ruft den Studentenschnelldienst an, meine Geheimwaffe für solche Zwecke. Soll ich mir alleine das Kreuz verheben, soll nur ich mich dünn schwitzen? Nein, da gibt es genug Helfer, die froh sind, sich ein bisschen was zu verdienen. Umso lieber, wenn es nicht darum geht, unangenehme Dreckarbeit zu verrichten, sondern in der freien Natur Kreatives zu leisten.

Ich orderte zwei kräftige junge Männer, möglichst mit etwas Erfahrung in Gartenarbeiten, und am nächsten Tag gegen neun Uhr morgens klingelte es an der Tür. Davor stand ein lächelnder kleiner, etwas untersetzter Chinese in seinen besten Kleidern: frisch geputzte Schuhe, eine dunkle Hose mit exakter Bügelfalte, ein strahlend weißes Hemd und eine helle Weste darüber. In der Hand hielt er ein Paar nagelneuer Gartenhandschuhe.

»Fang«, stellte er sich in bestem Hochdeutsch vor, »ich soll Ihnen im Garten helfen.« Im gleichen Moment tauchte hinter ihm ein schmächtiges, aber sehniges Kerlchen mit langen, braunen Locken in knallengen Jeans und ärmellosem T-Shirt auf. Seinen muskulösen Oberarmen nach ein kleines Kraftpaket: »Andy«, sagte er in kehligem Deutsch, »was gibt's zu tun?«

Oh, es gab genug zu tun. Ich hatte zwei nagelneue Spaten gekauft, ein großes Sieb für die Erde, allerlei andere Gartengeräte, Handschuhe und viel zu trinken. Arbeit macht durstig.

Fang, so stellte sich heraus, war tatsächlich Chinese, Rotchinese aus Peking. Er war fertiger Jurist mit Doktortitel, der in Hamburg ein Aufbaustudium in Internationalem Recht machte. Einen Spaten hatte er noch nie in der Hand gehabt und Gärten kannte er nur vom Spazierengehen.

Sein drahtiger Kollege Andy kam aus Polen und

studierte Sport. Das hörte sich gut an und passte zu den kräftigen Oberarmen. Er war spezialisiert aufs Säbelfechten. Das hätte mich stutzig machen sollen, denn Fechten ist nicht unbedingt eine Ausdauersportart, dabei kommt es vielmehr auf schnelle Reaktion und ein geschwindes Auge an. Außerdem war Andy, der Säbelfechter, noch absoluter Heavy-Metal-Fan. Und von Gartenarbeit hatte er natürlich auch nicht die geringste Ahnung. »Aber das machen wir schon«, klang es sportlich selbstbewusst.

Als sie den Garten und die Spaten sahen, kam es mir vor, als ob beide etwas blass würden. Jedenfalls brauchten sie erst einmal einen Schluck Mineralwasser. Dann zog Fang tapfer seine schöne Weste aus und packte sich einen Spaten, Andy tat es ihm nach.

Dafür, dass beide noch nie einen Garten umgegraben hatten, zeigten sie sich recht anstellig. Jeder hatte seine eigene Technik. Während Fang ganz systematisch Quadratmeter um Quadratmeter bearbeitete, stetig und konzentriert schaufelte, legte Andy einen kurzen Spurt nach dem anderen hin und machte zwischendrin schnell immer wieder Pause. Ständig hatte er neue Ideen, was man jetzt machen könnte, diskutierte, wo man die Erde, die für die Rhododendren ausgehoben wurde, lagern, wie man leichter sieben könnte, und was weiß ich noch alles. Währenddessen hatte Fang still vor sich hinschwitzend schon wieder ein paar Quadratmeter umgegraben.

Zu guter Letzt hatte der Herr Jurist bestimmt zwei Drittel der Arbeit gemacht und wirkte noch erstaunlich frisch, während der sportliche Fechter ermattet in den Seilen hing. Trotzdem war am Abend des ersten Tages der gesamte Garten von unten nach oben gewendet, die Steine aussortiert, die alten zerbrochenen Wegumrandungen aufgestapelt und der größte Teil der Farne, deren Wurzeln sich zum Teil bis einen Meter tief als dichtes Geflecht in den Boden gegraben hatten, herausgerissen. Der ganze Garten war eine einzige gleichmäßige Fläche lockerer brauner Erde. Er sah aus wie ein weißes Blatt Papier, das darauf wartet, beschrieben zu werden.

Am nächsten Morgen waren Jurist und Fechter pünktlich zur Stelle. Mit einer gewellten grünen Rasenkante aus Plastik versuchten wir dem Garten die Form zu geben, die er laut Computerplan haben sollte. Das Rondell in der Mitte, der kleine Platz zum Sitzen, die Nische für den irgendwann geplanten Brunnen, den Weg zum Wasserhahn, die Rosenbeete. Die Fläche wurde eingeteilt und unterteilt, eine Form zeichnete sich ab, Räume wurden sichtbar. Und siehe da, die Proportionen stimmten weitgehend. Das Rondell musste etwas kleiner werden, der Weg drumherum etwas breiter, aber im Großen und Ganzen passte der Plan.

Dann lieh ich mir von unserem Maurer einen Lieferwagen, und wir fuhren zur Baustoffhandlung, Zement und fast zwei Tonnen Kies kaufen. Zwei Stunden lang schleppten wir anschließend zu dritt (schließlich konnte ich nicht immer nur wie ein Südstaaten-Sklavenhalter den beiden bei ihrer Schwerarbeit zuschauen) 50-Kilo-Plastiksäcke voll Kies durchs Gartengeschoss.

Zementiert hatte noch keiner von uns. Weder Journalisten noch polnische Säbelfechter oder chinesische Juristen werden darin ausgebildet. Aber die Wege brauchten eine dünne Zementschicht, die zum einen verhindern sollte, dass sich Unkraut und Gras den Weg durch den Kies bahnen konnten, und zum anderen den kleinen Steinchen den Weg nach unten versperrte. Also mischten wir Wasser, Zement und Sand und taten unser Bestes. Wahrscheinlich waren wir etwas zu ungeduldig, anschließend den Kies darauf zu verteilen, Jedenfalls hielt die Zementschicht nicht, was sie versprochen hatte, und in den folgenden Jahren wurde die Kiesschicht immer dünner und das Unkraut auf den Wegen immer mehr.

Sei es, wie es sei. Nach zwei harten Tagen hatten meine beiden gartenunerfahrenen Studenten einen wunderschönen Garten in perfekter Form, wenn auch noch gänzlich ohne Pflanzen, angelegt. Voller Stolz bewunderten sie ihr Werk und konnten es kaum glauben, dass 48 Stunden vorher dort noch eine Wüste gewesen war. Aus einem Heavy-Metal-

Freak und einem nüchternen Doktor der Jurisprudenz waren zwei engagierte Hobbygärtner geworden.

Im Garten-Wunderland

Wenn man einen neuen Garten hat, hat man damit ja noch nicht automatisch eine Menge Pflanzen. Wir besaßen nichts weiter als einen umgegrabenen Mini-Acker mit ein paar Birnbäumen, dem Kirschlorbeer und der Hortensie darin. Sonst gab es nur satte braune Bodenkrume, Freiraum für die Phantasie, die allenfalls durch den Gartenplan aus dem Computer gezügelt wurde. Aber auch darin war nicht festgelegt, welche Pflanzen wir kaufen wollten, welche Rosensorten infrage kamen, welche Farbe die Rhododendren haben sollten.

Wir begannen Kataloge und Gartenbücher zu wälzen, notierten bemerkenswerte Gattungen, merkten uns besonders attraktive Pflanzen und versuchten, uns unseren Garten in voller Blüte vorzustellen.

Unbelastet von Vorgaben, nur mit einer ungeordneten Menge von phantastischen Ideen im Kopf, konnten wir uns in die Pflanzenhandlung aufmachen, um uns dort auszutoben wie kleine Kinder im Spielzeugladen. Unser Spielzeugladen hieß Pflanzen-Körner und lag ein kleines Stückchen nördlich der Stadt. Die Auswahl, die wir dort vorfanden, überwältigte uns.

Wir streunten durch die Anlage, stießen spitze Schreie aus, feuerten uns an: »Schau mal hier, ist das nicht irre?!« – »Wahnsinn, diese Farbe!« – »Und das hier hat so wunderschöne Blüten.« – »Aber die hier ist doch ganz was Besonderes.« Wie verliebte Teenager stolperten wir durchs Gelände, ziellos, planlos, ratlos, aber glücklich.

In unserem Überschwang stellten wir kleine schwarze Plastiktöpfe mit unscheinbaren Pflänzchen, aber imponierenden Fotos auf den beigesteckten Karten, in unseren Einkaufswagen und luden sie zwei Minuten später wieder aus, weil wir eine noch viel, viel interessantere Sorte entdeckt hatten, wir hievten kleine Bäumchen auf den Wagen, bis wir entdeckten, dass sie in ausgewachsenem Zustand viel zu hoch werden würden, wir beluden uns mit Obststräuchern, bis wir merkten, dass sie besonders viel Sonne brauchten. Und wir nahmen viel zu viel von allem, mehr als wir je in unserem Garten würden unterbringen können. Ganz zu schweigen, dass wir das alles nie ins Auto packen hätten können.

Zu guter Letzt luden wir alles wieder ab, der Verzweiflung nahe und mit Bauchschmerzen, wie jemand, der zu viel Schokoladeneis gegessen hat. Wir brauchten einen fachmännischen Ratgeber. Den fanden wir in Gestalt eines freundlichen, jungen Gärtners. Braun gebrannt, in Jeans, festen Schuhen und Pullover, ein Funkgerät am Gürtel, mit dem er auch im hintersten Teil des Areals erreichbar war.

Ihm präsentierten wir unseren Computerplan, beschrieben ihm die Konsistenz unserer Erde und den Verlauf der Sonne, und wir zeigten ihm ein Foto des Gartens vor dem Umgraben. Ruhig und ohne jede Arroganz des Experten erklärte er uns, welche Pflanzen in unserem Garten eine gute Chance hätten und welche von vorneherein mangels Sonneneinstrahlung oder falscher Bodenbeschaffenheit zum Eingehen verdammt wären. Zusammen mit ihm gingen wir ganz systematisch über den Platz, er erläuterte uns, welche Pflanzen miteinander harmonieren, welche Stauden sich auch in ihrer Höhe ergänzen würden.

Unser Helfer notierte sorgfältig die Bestellung. Zusammen mit ihm suchten wir »unsere« Rhododendren aus, die er mit einem gelben Band markierte und für uns reservierte. Zwei Johannisbeer-Halbstämme bekamen ein solches Band, ebenso ein Jasminstrauch, eine spätblühende blaue Bartblume, ein chinesischer Sommerflieder, und eine Zaubernuss, ein Strauch, der schon im Januar einen gelben Hauch von Frühling in den Garten bringen würde. So langsam nahm der Garten in unserem Kopf Gestalt an. Das Chaos begann sich zu lichten, Ordnung einzukehren.

Zuletzt gingen wir zu den Rosen ins Kühlhaus. Zu Wurzelbündeln geschnürt lagen ›Bayerngold‹ und ›Bella Rosa‹, ›Champion‹ und ›Virgo‹, ›Lilli Marleen‹ und ›Gloria Dei‹, ›Holsteinperle‹ und ›Yesterday‹, ›Uwe Seeler‹ und ›The Queen Elizabeth‹, ›Schneeflocke‹ und ›Shocking Blue‹ in den deckenhohen Regalen. Die einen etwas kräftiger, die anderen etwas verzweigter, manche mit einem Stich ins Grüne, andere fast schwarz, waren sie unterschiedlich und doch zum Verwechseln ähnlich. Nichts deutete darauf hin wie sie dereinst blühen würden: Sanftrosa, lachsfarben, schneeweiß oder beinahe schwarz. Buschig oder als Solitäre, nur für eine kurze, verschwenderische Phase im Jahr oder vom Frühsommer bis zum Spätherbst immer wieder neu erblühend. Bunte Fotos und knappe Beschreibungen kündeten verheißungsvoll von duftenden Blütenträumen. Dem guten Ratgeber folgend, entschieden wir uns für ›Lavaglut‹, eine »Beetrose, mittelgroß, ganz gefüllt, leuchtend dunkelblutrot, Belaubung dunkelgrün, Höhe 60 cm«, fünf Stück pro Quadratmeter, das Stück für 3,90 Euro.

Wir zahlten die Rechnung und fuhren ohne eine einzige Pflanze nach Hause, alles würde am übernächsten Tag geliefert werden. Wir waren zufrieden und verunsichert zugleich, voller Spannung und Vorfreude. Wie würde sich das, was da alles auf dem Bestellzettel stand, in unserem Garten machen, wie würde es zusammenpassen, sich ergänzen? Würden die Rosen halten können, was das Foto und der Rosenmann versprochen hatten? Würde der Jasmin wirklich so verlockend duften, die Himbeeren tatsächlich so üppig tragen?

Von der Wüste zum Schlachtfeld

Die Pflanzen kamen gleichzeitig mit Fang, dem chinesischen Juristen. Ich hatte ihn angerufen, ob er Zeit und Lust habe, mir beim Pflanzen zu helfen. Er hatte sich beim Anlegen des Gartens geschickt und fleißig gezeigt, und irgendwie hatte ich das Gefühl, er könnte etwas von der asiatischen Art mit Pflanzen und Gärten umzugehen, in seinen Adern haben.

Er hatte. Präzise und mit Bedacht setzte er ein zartes Buchsbaumpflänzchen neben das andere, sorgsam mischte er Torf und Erde für die Rhododendren, behutsam wässerte er die Wurzelballen. Mit wahrer Hingabe pflanzte er den Rittersporn, während ich die Rosen erst einmal für 24 Stunden ins Wasser stellte, damit sich die Wurzeln ordentlich vollsogen.

Fang, diesmal immerhin in Jeans, ging mit den Pflanzen um, als wären es seine Kinder. Stundenlang hockte er am Boden und tat seine Arbeit. Bei alledem verlor er nie die Ruhe und Gelassenheit, schien nie müde zu werden. Fast hatte ich den Eindruck, als wäre er froh, seinen Büchern entronnen zu sein und etwas vom wahren Leben wiedergefunden zu haben. Dabei zeigte er keine großen Gefühlsregungen, keine Freude, wenn etwas besonders gelungen war, und doch strahlte er eine tiefe Zufriedenheit mit seinem Werk aus. Irgendwie schien er ein natürliches Talent zu haben, Dingen eine innere Ordnung zu geben. Was er anordnete und pflanzte, hatte Harmonie. Die Abstände stimmten, es war ein natürliches Gefüge, das sich da in seiner Obhut entwickelte.

Die schweren Arbeiten verrichteten wir gemeinsam, ansonsten hatte jeder sein Eckchen, in dem er sich mühte. Stetig, ja fast stur arbeitete Fang vor sich hin. Zu Pausen musste ich ihn fast nötigen. Ein paar Schlucke Wasser, dann wollte er schon wieder weitermachen.

Es ist erstaunlich, wie schnell aus einer Wüste ein gepflegter Ort werden, in welch kurzer Zeit man so einen leeren Garten, einem unbeschriebenen Blatt gleichend, füllen kann. Innerhalb von ein paar Stunden hatte er ein Gesicht gewonnen, seine Struktur trat deutlich hervor. Natürlich blühte noch nichts, aber das frische Grün entfaltete schon seine Wirkung. Alles sah so aufgeräumt, so ordentlich und doch schon so lebendig aus. Der fast weiße Kies stach einem in die Augen, die Hortensie beherrschte das Rondell – es war die reine Freude.

In den nächsten Tagen füllten wir die Lücken. Jeden zweiten Tag fuhren wir zu Pflanzen-Körner, holten noch ein Dutzend Nachtkerzen, ein paar Purpurglöckchen und einige Tüten Steinkraut. Und als uns ein besonders schöner gelber Ranunkelstrauch ins Auge stach, bekam auch der noch Asyl.

Natürlich machten wir den Fehler, den alle unerfahrenen Gärtner machen. Wir pflanzten viel zu viel und viel zu eng. Wo immer etwas Erde zwischen dem Grün durchschimmerte, nutzten wir den Platz für eine Neuanpflanzung. Anfangs notierten wir noch penibel, was wohin kam, später ließ diese Sorgsamkeit leider etwas nach, und heute sind wir manchmal doch recht überrascht, was im Frühjahr wo erscheint.

Die Überfülle in unserem Garten forderte inzwischen ihren Tribut. Schon nach zwei Jahren wuchs uns der Garten buchstäblich über den Kopf. Die Pflanzen sind sehr viel schneller sehr viel größer geworden, als wir uns das vorgestellt hatten. Der Schmetterlingsstrauch kommt sich mit dem Flieder in die Wolle. Die Zaubernuss und die Bartblume drohen, sich zu einem unentwirrbaren Dickicht zu vereinen. Der chinesische Sommerflieder überwucherte den ganzen Weg und musste in den Vorgarten ausgegliedert werden, und der Jasmin bekriegt sich mit den Rhodondendren.

Der Kampf um Licht und Platz hatte von der ersten Minute an begonnen, und schon bald ließen sich erste Sieger und Verlierer ausmachen. Unser Garten wurde zum Schlachtfeld. Und meine Frau, harmoniesüchtig wie sie ist, begann schnell in das naturgegebene Geschehen einzugreifen. Es wird umgepflanzt, zusammengeschnitten und ausgedünnt, was das Zeug hält. Freunde, die über mehr als einen Quadratmeter Garten verfügen, werden mit Stecklingen, geteilten oder vollständigen Pflanzen aus unserem fast tropisch wuchernden Garten beglückt. Mit Kartons und Tüten voller Grünzeug beladen, verlassen sie unser Haus, und berichten begeistert, welche Fortschritte unsere Pflanzen in ihren Gärten machen.

Und wir sind froh, wieder ein halbwegs freies Eckchen Garten zu haben. Meist allerdings nicht lange. Statt den Pflanzen etwas mehr Luft zu lassen, damit sie sich ungestört entfalten können, entdecken wir irgendwo wieder eine ganz besonders schöne Spezies, die wir leider unbedingt haben müssen. Aber wohin damit? »Na ja, du weißt doch, da wo wir neulich den Ranunkelstrauch für Gitti ausgegraben haben, da müsste doch noch eine Ecke frei sein …«

Alte Rosenträume

Als wir unseren Garten planten, reservierten wir zwei Beete für Rosen. Rosen erschienen uns durchaus nicht spießig, sondern vielmehr als edle Krönung unseres Gartens, von denen wir uns zudem betörende Düfte versprachen. Von Rosen hatten wir zu diesem Zeitpunkt nicht die geringste Ahnung. Wir wussten gerade mal, dass es die Blumen waren, die uns mit den Worten »Scheene Rosen für scheene Frau« abends im Restaurant offeriert wurden, ein Angebot, das wir meist mit dem perfiden Hinweis »Danke, wir trennen uns gerade« ablehnen.

Ansonsten wussten wir, dass es kurze und langstielige, rote, gelbe und weiße Rosen gibt. Beim Rosenkauf waren wir deshalb völlig auf den Rat des Rosenexperten angewiesen, der uns die sehr dunkle Beetrose namens ›Lavaglut‹ empfahl. Sie entwickelte sich prächtig, blühte stark und lange und war solange die helle Freude, bis sich Blattläuse an ihr gütlich zu tun begannen.

Überall waren die Blüten voller kleiner grüner Läuse, die sich nicht so einfach verscheuchen ließen. In den zahlreichen Gartenratgebern, die sich bei uns angesammelt hatten, standen die verschiedensten Tipps, wie man die Tierchen los wird, ohne gleich den Garten mit Chemikalien zu vergiften. Die Behandlung mit Seifenlauge zeigte keine größere Wirkung, wahrscheinlich baden auch Blattläuse ab und zu ganz gerne. Das einfache Abstreifen von Hand ist zwar erstaunlich effektiv, aber nicht sonderlich angenehm für den Gärtner und für die Rose auch nicht, denn man beschädigt dabei immer wieder einzelne kleine Zweige und Blätter.

Blieb die dritte Möglichkeit, die der Nikotinvergiftung. Was bei Rauchern hilft, funktioniert auch bei Blattläusen. Allerdings ist es schwierig, Blattläusen das Rauchen anzutrainieren. Deshalb musste ich ein Päckchen Tabak besorgen, aus dem wir einen gar grässlichen Sud kochten, hochkonzentrierte Nikotinbrühe, die meine Frau regelmäßig auf die lieben Mitbewohner sprühte. Und siehe da, es klappte. Nach einiger Zeit waren die Läuse verschwunden.

Was uns mehr zu schaffen machte, waren die Bakterien, die die zu dicht gepflanzten Rosen befielen. Einzelne Blätter verfärbten sich gelb mit einem schwarzbraunen Fleck in der Mitte, manche fielen ganz ab. Die Diagnose »Schwarzfleckigkeit« verhieß nichts Gutes. Denn bei dieser Krankheit helfen nur zwei Dinge: Chemie und radikales Entfernen der befallenen Blätter. Die Chemie stinkt und man möchte lieber nicht zu genau wissen, was drinsteckt. Wenn man den Sprühnebel einatmet, schmeckt es ganz bitter auf der Zunge, und hypochondrisch veranlagte Gärtner sehen sich schon selbst vergiftet.

Bleibt das Entfernen der infizierten Blätter. Sorgsam zupften wir die Blätter weg und passten auch auf, dass keines von ihnen zwischen den Pflanzen am Boden liegen blieb, damit sich die Krankheit nicht weiter ausbreitete. Bald sahen die Rosen aus wie Streichhölzer: lange dornige Stiele mit einem roten Kopf drauf. Die Pracht war für dieses Jahr dahin, erst in der nächsten Saison, als wir das Rosengestrüpp etwas gelichtet hatten und die Rosen auch nicht mehr spätabends und nur an den Wurzeln gossen, bekamen wir die Bakterien in den Griff.

Die große Rosenkrise kam aber nicht durch die Empfindlichkeit der ›Lavaglut‹, sondern durch ein Buch: Meine Frau entdeckte David Austins Buch *Alte & englische Rosen*. David Austin, selbst einer der erfolgreichsten Rosenzüchter der Welt, machte ihr klar, welche grundsätzlichen Unterschiede es bei Rosen gibt.

Anders als die modernen Teehybriden (Edelrosen) und Floribunda-Beetrosen sind die Alten, schon seit dem Beginn der Zivilisation im Mittleren Osten bekannten Rosen Strauchrosen. Sie waren bis zum Ende des 19. Jahrhunderts vorherrschend. Alte Rosen können gefüllt oder halbgefüllt sein, haben geöffnete Blüten, duften sehr stark und haben nur einen entscheidenden Nachteil: Sie blühen nur einmal im Jahr. Um 1900 kamen neue Kreuzungen Alter Rosen mit drei Wildrosenarten auf. Diese modernen Rosen blühen öfter, zum Teil bis spät in den Herbst hinein, haben strahlende, leuchtende Farben, denen freilich einiges von der Eleganz der Farbpalette Alter Rosen abgeht, und duften nur noch schwach oder überhaupt nicht.

David Austins Verdienst ist es, die Vorteile der Alten mit denen der modernen Rosen verbunden zu haben. Seine »Englische Rosen« genannten Kreuzungen haben ein breites Farbspektrum, duften, blühen mehrmals im Jahr und haben geöffnete oder rosettenförmige Blüten.

Von dem Moment an, da wir um diese Unterschiede wussten, sahen wir unsere ›Lavaglut‹ mit neuen Augen an, war sie doch eine jener schnöden, modernen Floribunda-Züchtungen. Praktisch und hübsch, aber mit unserem neu erworbenen Wissen hatte sie ihre Klasse verloren. Sie erschien uns als etwas Künstliches, als Plastikgeschöpf, ein Produkt der Neuzeit, dem man den wahren Charakter ausgetrieben hatte.

Wir begannen nach Alten Rosen zu suchen und wir fanden einige. Erst da wurde uns die wahre Schönheit von Rosen wirklich bewusst. Der Duft, den diese verströmten, verdrehte einem den Kopf. Die Blüten, vielfach gefältelt, hauchzart und mit Farbschattierungen, wie sie kein noch so begabter Maler je herbeizaubern könnte. Selbst wenn sie im Verwelken waren, oder gerade dann, übten sie eine wunderbare Faszination aus. Natürlich erwarben wir einige dieser Alten Rosen und auch einige englische Rosen namens ›Ambridge Rose‹ oder ›Abraham Darby‹, die bald überall im Garten auftauchten, wo sie nach meinem strengen Gartenplan ganz und gar nicht hingehörten. Aber irgendwie besänftigte ihre Schönheit meinen Ordnungssinn immer wieder, strahlten diese doch auf ihre Umgebung ab und veredelte sie.

Die ›Lavaglut‹ durfte bislang bleiben. Denn ihre angezüchteten Vorzüge sind – wenn man ehrlich ist – ja auch nicht ganz zu verachten. Wenn ein heftiger Platzregen niedergeht, schüttelt sich die ›Lavaglut‹ nur, während einige ihrer zarten alten Schwestern die Blütenblätter verlieren und nackt und entblößt dastehen. Und so prächtig die Alten Rosen auch blühen, der Genuss ist schnell vorbei, und dann muss man wieder ein Jahr warten.

Der Praktiker

Unser Freund Michael wollte zurück in seine Heimat Berlin. Der Vater war gestorben, die Mutter in der Großstadt einsam. Michael hatte inzwischen eine (ihm nicht angetraute) Frau samt eines gemeinsamen Kindes und vor allem: Die Mauer war gefallen, Berlin eine offene Stadt, die bald Hauptstadt werden sollte. Der richtige Zeitpunkt also, um dem langweilig gewordenen München den Rücken zu kehren. Beruflich war's egal, denn Michael war eh immer unterwegs. Und so sollte nach der Schwabinger Drei-Männer-WG und der Kleinfamilien-Altbauwohnung das eigene Heim folgen.

Keine leichte Aufgabe im Berlin des Einheitsrauschs: Brachflächen entlang der früheren Mauer waren plötzlich Millionen wert, die Stadt hatte wieder ihr Hinterland, die Spekulanten sahen ihre Chancen und verdoppelten erst einmal ihre Preise. Aber Michael ließ sich nicht schrecken. Er war ja Münchner Preise gewohnt und er verdiente gut. Er besah sich diesen Neubau, jene renovierungsbedürftige Villa und so manches Baugrundstück.

Der Neubau war stilloser Einheitsbrei, die Villa eine Ruine und das Grundstück chemieverseucht. Und die Preise kletterten weiter nach oben. Und dann stieß er auf die Anzeige: »Einfamilienhaus in Zehlendorf, ren.-bed., 240 qm Wfl., Grundstück 1600 qm, z. verk., Chiffre 4-386«. Ein Preis stand auch noch da, aber darüber wollen wir schweigen. Wie gesagt, Berlin boomte.

Anschauen kann nicht schaden, dachte Michael und fuhr hin. Das Haus war wieder einmal eine bessere Ruine, aber das Grundstück war ein Traum. Es lag nach Südosten, hatte wunderschöne Proportionen, grenzte an drei Seiten an andere Traumgrundstücke und war ein wahrlich verwunschenes Fleckchen Erde mitten in der Großstadt.

Das Schönste waren fast zwei Dutzend knorriger, alter Obstbäume, die es zu einer kleinen Plantage machten. Keine blöden Koniferen und Tannen und Kiefern, die dem Garten Platz und Licht nahmen, sondern luftige, duftige Obstbäume mit einer grünen Krone, die Schatten spendeten und Schutz gaben und Räume im Garten schufen. Was würde es für ein Genuss sein, im Sommer auf einer Decke unterm eigenen Apfelbaum zu sitzen, mit den Kindern (das zweite war unterwegs) zu spielen, Picknick zu machen und den Herrgott einen guten Mann sein zu lassen.

Im Frühjahr würden die weißen Blüten übers Gras tanzen und im Sommer würde Michael sich einen Obstpflücker kaufen. Keines von diesen blau-orangen Systemteilen aus dem Gartenmarkt, sondern den aus dem Manufactum-Katalog (»Es gibt sie noch, die guten Dinge« – Sie wissen schon). Einen Obstpflücker aus pulverbeschichtetem Stahl oder aus lackiertem Stahldraht mit einem Extragreifer, mit dem man auch schwer erreichbare Früchte ernten konnte. Und damit würden sie sich die Äpfel aus dem blauen Berliner Himmel holen. Körbeweise würden sie Äpfel einsammeln, es würde wochenlang Apfelmus geben,

Laura würde Apfelkuchen backen und von ihrer Mutter lernen, wie man Kompott einmacht.

Alle Freunde würden sie mit Äpfeln beschenken und mit Kirschen. Denn Michael würde auch mit einer Leiter in die Kirschbäume steigen und sich bei der Ernte so viele dicke, pralle, dunkelrote Kirschen in den Mund stecken, bis er Bauchweh bekäme. Und doch wäre er glücklich, und Laura auch, und die Kinder, und die beschenkten Freunde, und die Bienen, und die Wespen, und überhaupt.

Michael kaufte das Grundstück und das marode Haus. Aber eigentlich kaufte er die Obstbäume. Der Architekt kam, sah das Haus und kratzte sich am Kinn. Der Umbau würde nicht nur viel Geld kosten, sondern es würde auch dauern, bis der Umzug nach Berlin stattfinden könnte. Als Michael das nächste Mal in die Stadt kam, bestellte er einen Gärtner, den ihm die Nachbarn empfohlen hatten. Einen praktisch veranlagten Menschen, der hinlangen konnte, wie sie sagten. Zusammen sahen sie sich das Grundstück an. Hier schlug der Mann mit den grünen Händen ein Staudenbeet vor und dort einen Laubengang, da ein Rosenspalier und dort könnte doch der Sandkasten für die Kinder Platz finden. Gerne würde er Planung und Ausführung übernehmen, er sei schließlich Praktiker. Über die Obstbäume redeten sie nicht. Für den Schnitt war es nicht die richtige Jahreszeit, so viel wusste auch Michael, und sonst gab es da ja nichts zu besprechen.

Ein paar Wochen vergingen. Michael hatte in München zu tun. Und in Köln. Und in Frankfurt. Und in London. Und in Stuttgart. Nur nicht in Berlin. Doch dann kam die Chance. Zusammen mit Laura flog er nach Nordosten, dem Haus, dem Garten und den Obstbäumen entgegen.

Den Obstbäumen? Welchen Obstbäumen? Das war doch ihr Grundstück! Die Adresse stimmte, das Haus stimmte, aber da waren keine Obstbäume. Nur Gras, hohes Gras, war zu sehen. Und darin versteckten sich die traurigen Wurzelstümpfe ihrer Apfel- und Kirschbäume. Der Praktiker hatte sie gefällt, einen wie den anderen. Alt seien sie gewesen, sagte er ganz ohne Schuldbewusstsein. Ausgelaugt, und sie hätten doch nicht mehr getragen. Der Schnitt wäre genauso teuer geworden wie die Fällaktion, und so hätten sie doch eine schöne große Rasenfläche. Die sei auch viel einfacher zu mähen. Das sei einfach praktischer, meinte der Praktiker.

Birnenflut und Birnenwut

Freund Michael war seine Bäume los. Wir aber besitzen fünf alte Obstbäume, allesamt Birnen, schön um den kleinen Garten verteilt. Sie stehen da vermutlich seit genau 100 Jahren, denn damals wurde unser Haus gebaut, und seither hat es – uns inklusive – nur drei Besitzer gehabt. Die Vorbesitzerin hat 63 Jahre lang alleine darin gewohnt.

Genau gegenüber dem Küchenbalkon steht ein seltsamer, uralter Birnbaum, der sich mühsam in die Höhe streckt, um noch etwas Sonne abzubekommen. Vor allem im Winter ist er sonst im Schatten des gegenüberliegenden Hauses. Die ersten zweieinhalb Meter ist sein Stamm dick und kräftig, dann verjüngt er sich schlagartig und gabelt sich später in vier Hauptäste. Erst in fast sieben Metern Höhe hat er eine sehr lichte Krone aus dürren Ästen, an denen man die einzelnen Früchte mit zwei Händen zählen kann.

Dieser Baum ist unser Sorgenkind. Als er, wie alle unsere Bäume, vor ein paar Jahren von Profis fachgerecht zurechtgeschnitten wurde, machten die uns wenig Hoffnung, dass er noch lange überleben würde. »Abgängig« nannten sie seinen Zustand. So schwach und kränklich hätte ihm Michaels Gärtner vermutlich sofort den Garaus gemacht. Unsere Baumchirurgen aber gaben sich alle Mühe mit ihm, entfernten dort ein paar Wassertriebe, da einige tote Äste. Und im nächsten Jahr blühte er wieder und trug sogar ein paar Birnen. Trotzdem weisen die halbrund nach unten gebogenen Äste seiner Krone uns immer wieder unmissverständlich auf sein Methusalem-Alter hin.

Ein Stückchen links von unserem Sorgenkind behauptet der König unseres Gartens seinen Platz, ein großer starker Birnbaum, mit einem langen dicken Ast, der quer durch den Garten ragt. Oder besser ragte. Denn auch wenn wir den Schmerz beinahe körperlich zu fühlen meinten, diesen Ast ließen wir von den Baumchirurgen amputieren. Er nahm uns und dem Garten völlig die Sonne, beschattete alles. Jetzt steht nur noch ein kurzer Stumpf ab, den die Männer mit der großen Säge stehen ließen.

Unser Baumkönig hat uns den radikalen Schnitt nicht übel genommen. Als sei er sogar froh, einen lästigen Mitesser losgeworden zu sein, präsentierte er sich nach der Operation schöner denn je. Und er trug Birnen wie andernorts die Weinstöcke Trauben. An kleinen Ästen hingen Dutzende dicker, saftiger Birnen von der gleichen Sorte wie sie auch sein Gegenüber trägt, ein etwas kleinerer Baum, der aber nach dem Kronenschnitt immerhin auch schon wieder sieben Meter hoch ist. Zu seinen Füßen haben wir eine violette Waldrebe, Clematis montana, gepflanzt, die sich mit ein wenig Unterstützung durch uns inzwischen über mannshoch am Stamm hinaufgewickelt hat. Im Schatten des Baumes stehen Rittersporn, Blutweiderich, Phlox und Ehrenpreis, die gleichzeitig dafür sorgen, dass die Clematis in kühlem Boden wurzelt.

Obstbäume durchlaufen in ihrem Leben vier Phasen: Die der Jugend, in der die Äste steil nach oben ragen, die Bäume aber noch nicht tragen. Die des Ertrags, wenn sich die Äste in die Breite spreizen, die des Alters, wenn im wahrsten Sinne des Wortes die Äste schon fast waagerecht stehen, und die Abgangsphase, wenn der Baum seine Äste müde hängen lässt und die Spitzen beinahe senkrecht nach unten zeigen.

Dass Obstbäume aber durchaus unterschiedlich alt werden und auch mit fortgeschrittenen Jahren noch ordentlich tragen können, kann sehen, wer im September bei uns vorbeischaut. Wir ersticken dann in Birnen. Sobald sie reif sind, versuchen wir mit einem langen Obsternter, den wir im alten Schuppen fanden, die Früchte zu ernten. Körbeweise schleppen wir die Birnen zu Freunden und Kollegen, bis nicht nur uns, sondern auch denen die Birnen zum Hals herauskommen. Nicht jeder mag außerdem die harten, wässrigen, aber süßen Birnen, die drei unserer Bäume tragen.

Und so kommt unweigerlich der Tag, an dem wir aufgeben. An die Früchte hoch oben in den Kronen kommen wir trotz Leiter und langstieligem Obstpflücker ohnehin nicht dran, aber nach drei Wochen Bohnen, Birnen und Speck (für dieses Hamburger Traditionsessen tragen unsere anderen beiden Bäume genau die richtige Sorte), Birnenkompott und Birnenkuchen schwindet einfach der Elan bei der Birnenernte. Wir können ja auch nicht mit den Nachbarn tauschen. Die haben nämlich auch Birnen im Garten und bekommen schon beim Wort »Birne« einen glasigen Blick.

Und so ernten sich unsere Birnen irgendwann von selber. Überreif lösen sie sich, fallen auf den Boden, auf den Weg, in die Beete, den Rittersporn und die Rhododendren. Eine traf sogar einmal einen armen Frosch und verletzte ihn schwer. Einer unserer Nachbarn schwört jedenfalls, solches beobachtet zu haben und später einem einbeinigen Hüpfer begegnet zu sein. Man kann sie gar nicht so schnell wegräumen, wie die vom freien Fall zermatschten Birnen braun werden und zu faulen beginnen. Im Zuschauen werden sie schon matschig, bekommen weißen Schimmel und werden dann sogar von den Vögeln verschmäht. Allenfalls Würmer und Insekten nehmen's nicht so genau und laben sich noch daran.

Es ist ein Jammer. Schade um die schönen Birnen, mit denen wir nichts anzufangen wissen, schade um den Garten, der mit Birnen übersät ist. Die schiere Wut kann man bekommen und möchte den Gott der Birnen bitten, im nächsten Jahr doch ein bisschen Kraft zu sparen und uns nur die Hälfte der Birnenflut zukommen zu lassen. Welche Verschwendung der Ressourcen. Könnte man nicht ein bisschen tauschen und dafür, sagen wir, ein paar mehr Himbeeren wachsen lassen? Und der eine Johannisbeerstrauch ist auch eingegangen, nach dem ihm ein Unwetter schwer zugesetzt hatte.

Es ist ein Fluch, wenn im Garten statt der Vielfalt die Einfalt gebietet und die Leidenschaft zur Wut wird.

Drei Gärtnerinnen

Gärten sind Geschmackssache. Der eine liebt sie ordentlich und aufgeräumt, der andere will sie wild und unbeherrscht, der Dritte steht auf strenge Formen, der Vierte schätzt ihren hohen Nutzwert, der Fünfte betörende Gerüche und der Sechste möchte am liebsten alles gleichzeitig. Ich zum Beispiel habe von allem etwas vor meiner Nase. Daran sind die Frauen schuld, die mich umgeben: die Nachbarin zur Linken, die Nachbarin zur Rechten und meine eigene Frau. Alle drei sind passionierte Gärtnerinnen und alle drei haben einen anderen Geschmack, den sie selbstverständlich auf ihrem jeweiligen Terrain auch ausleben.

So ein Garten ist ja auch ein wunderbares Mittel zum Konkurrenzkampf: Wer hat den schönsten, welcher blüht als Erster, welcher am längsten? Nicht, dass es Feindschaft gäbe, Gott bewahre. Der Wettstreit ist ein edler und die Konkurrentinnen sind sich durchaus grün. Sie geben sich Tipps, reichen Ableger generös weiter und gießen die Blumen aushilfsweise willig und mit ehrlichem Vergnügen. Aber sie haben eben unterschiedliche Auffassungen vom idealen Stadtgarten.

Frau F. zur Linken, alleinstehende Innenarchitektin und Lebenskünstlerin, beispielsweise genießt ihren Garten mit allen Sinnen. Sie sitzt darin mit Freunden beim Wein, sie hat eine kleine Wiese, auf die sie ihre Gartenliege stellt und sich sonnt, ihre rötlich braune Katze braucht Platz zum Spielen, und ihr Sinn für Farben erfreut sich am bunten Durcheinander ihrer Blumen, die sie unterwegs sammelt oder bei ihrem Lieblingsgärtner besorgt. Am Haus klettert eine gewaltige Clematis empor, die kräftig blau leuchtet, ihr Efeu hat sich bis zu uns vorgearbeitet und kriecht fast bis in unser Schlafzimmer, nimmt dabei aber leider keine Rücksicht auf unser Dach, das an dieser Stelle schon wieder Feuchtigkeit durchlässt.

Routiniert und sorgsam kümmert sich Frau F. um ihren Garten, klettert auf der Leiter zum Schnitt in die Bäume, und wenn der Kompost umgeschichtet werden muss, hilft ihr ihr Obermieter dabei. Frau F. ist freundlich und hilfsbereit, nur wegen zwei Dingen kann man Krach mit ihr bekommen: Wenn man erstens in ihrer Einfahrt parkt, flattert ganz schnell ein mahnender Zettel unterm Scheibenwischer, und zweitens soll man nicht kucken. Unabsichtlich nicht und absichtlich schon gleich gar nicht. Frau F. sonnenbadet nämlich ganz gerne oben ohne, und dabei möchte sie verständlicherweise ungestört sein, was allerdings in einem Hinterhof etwas schwierig ist. Von unseren zwei Balkonen aus haben wir unfreiwilligerweise ziemlich freie Aussicht, und das passt Frau F. gar nicht.

Aber wofür ist sie Innenarchitektin. Flugs entwarf sie ein leuchtend weißes, dreieckiges Segel, das jetzt in aller Freundschaft sommers zwischen unseren beiden Häusern gehisst wird. Ein solides Stück Handwerksarbeit, das sich allerdings offenbar nur schwer einholen lässt, denn unabhängig vom Wetter flattert es bis zu den ersten Herbststürmen vor unserer Nase und versperrt uns die Sicht. Nicht auf Frau F., die könnten wir – so wir wollten – vom anderen Balkon aus immer noch in aller Ruhe betrachten, sondern auf den großen grünen Hinterhof mit seinen zwei Dutzend kleinen Gärten, seinen mächtigen Bäumen, den Trauerweiden, den Birken, den Kirschen, den Pflaumenbäumen und dem grasbewachsenen Röhrenbunker, der längst einer Familie als Weinkeller dient. Das alles wird jetzt durch ein weißes Segeltuchdreieck von uns ferngehalten.

Frau F. linker Hand wird durch Frau St. rechter Hand ergänzt. Sie ist etwas jünger als Frau F., im Gegensatz zu dieser aber verheiratete Mutter zweier erwachsener Kinder und hauptberuflich Hausfrau mit Schwerpunkt Garten. Oder besser Töpfe. Familie St. hat ihren Garten nämlich fast vollständig gepflastert und darauf Topfpflanzen gestellt, denn Herr St. hatte seine Anwaltskanzlei bis zur Pensionierung viele Jahre auf der gegenüberliegenden Straßenseite und kennt daher alle Nachbarschaftsgeschichten über die Ratten, die es in diesen Häusern und auf diesen Grundstücken geben soll. Ratten in der Toilette, Ratten in Türstöcken, Ratten im Mülleimer unter der Küchenspüle, Ratten hier und Ratten da, von denen ich allerdings in vielen Jahren nie eine einzige zu Gesicht bekommen habe.

Eine unübersichtliche Gartenidylle, womöglich noch mit einem Komposthaufen, böte den Nagern geradezu das Paradies auf Erden. Also hat Familie St. ihren Garten versiegelt, wie andere Leute ihr Parkett im Wohnzimmer. Sorgsam gepflastert, bietet ihr Garten keinen Unterschlupf, kein Versteck und keinen Spielplatz für böse Ratten. Allenfalls im Dunkel der Nacht könnte mal eine kleine Ratte mutig den gepflasterten St.schen Todesstreifen überqueren, verweilen würde sie dort keine Sekunde. Insofern hat sich die Investition schon gelohnt. Leider wächst in einem gepflasterten Garten aber auch nichts, wenn man mal von den vorwitzigen Grasbüschelchen zwischen den Pflastersteinen absieht, aber denen wird

Herr St. schon noch mit Unkraut-Ex den Garaus machen.

Derweil kauft Frau St. Blumentöpfe. Kleine, große, ganz große und sehr große. In Gruppen drapiert oder als Solitäre. Aus teurem Terrakotta oder billigem Ton, aus Steingut, Beton oder Holz. Bestückt mit allem, was in Töpfen wächst. Margeriten und Fuchsien, Geranien, Lobelien und sogar einer Magnolie. Regelmäßig schleppt Frau St. Töpfe nach Hause. Sonntags geht sie um sieben Uhr morgens mit Herrn St. auf den Hamburger Fischmarkt, der aus Tradition so heißt, obwohl es dort vor allem Touristen, Topfpflanzen und Bananen gibt. Gegen neun wird die Beute dann nach Hause gekarrt und in einen freien Winkel des Pflastergartens verbracht, der so immer kleiner und immer bunter wird.

Die dritte, relativ formale, Variante ist unsere in der Mitte. Ein nierenförmiges, buchsbaumgesäumtes Rondell in der Mitte, am hinteren Rand vier große Rhododendren, Sträucher an der linken Seite, verschieden hohe Stauden an der rechten Seite und am vorderen Rand zwei Rosenbeete. Dazu kommen die schon erwähnten fünf Birnbäume. Ein Kiesweg führt ums Rondell und zum Wasserhahn am Haus, außerdem gibt es noch einen gekiesten Sitzplatz für den Sonntagnachmittagskaffee.

Eigentlich ganz einfach eine Mischung aus Bauern- und Barockgärtchen mit Schwerpunkt auf dem Bäuerlichen. Meine Gärtnerin, die Dritte im Nachbarschaftsbund, meint allerdings, die Rhododendren und die Buchsumrandungen würden sie etwas an einen Friedhof erinnern, aber das Gefühl habe ich nur, wenn ich mir ihre heißgeliebte Hortensie ansehe.

Der mir angetraute Teil des Gärtnerinnen-Trios neigt zum Sammeln und Experimentieren. Jede Neuentdeckung bekommt eine Chance: Eine Akelei da, ein Klatschmohn dort, und für die Pfingstrose findet sich auch noch ein Platz. Sorgsam hegt und pflegt sie die Pflänzchen. Am meisten liebt sie die zarten Cosmeen und den hoch aufgeschossenen blauen Rittersporn, von dem jede einzelne Pflanze an einen Stab gebunden wird, damit sie dem Wind standhält.

Sie will und hat einen Garten, der sie braucht, um den sie sich kümmern kann und muss. Unser Garten ist nicht dazu geschaffen, konsumiert, benutzt zu werden oder in pflegeleichter Schönheit zu glänzen, sondern um in, an und mit ihm zu arbeiten. Er ist nicht »naturnah«, sondern ein mit Hilfe der Natur von Menschenhand geschaffenes kleines Stück Kulturlandschaft. Wenn er aus beruflichen Gründen einmal für ein paar Wochen vernachlässigt wird, wird die Ordnung zum Chaos.

Nicht, dass die Natur in unserem Garten vergewaltigt und zu menschlichem Spielzeug gemacht würde. Nur ist es mit der freien Natur in einem kleinen Stadtgarten nicht so weit her, und man muss dem

Garten helfen, ihn unterstützen, ihn in Form bringen, wie ein Reiter sein Pferd versammelt, damit es seinen wahren Charakter zeigen kann.

Für meine Gärtnerin-Ehefrau ist der Garten ein wunderbarer Ausgleich zu ihrer kopflastigen Bürowelt. Sie kann sich über Stunden ganz im Garten verlieren und an nichts anderes denken, als an das Wohlergehen des Schneefelberich oder der Trollblumen, denen sie das Leben so einfach wie möglich macht. Aus lauter Sorge, der Standort könne nicht optimal sein, pflanzt sie immer wieder etwas um und probiert aus, welche Arten am besten miteinander können. Sie lernt von den Pflanzen, und es gibt nichts Schöneres für sie, als wenn sie das Gefühl hat, dem Garten gehe es gut.

Und wenn dann noch eine der beiden Nachbarinnen einmal ein wenig neidisch zu ihr herüberschaut oder gar die Pracht ihres Lieblings, des Rittersporns, preist, ist die Welt restlos in Ordnung.

Fremde im Garten

Wenn my home my castle ist, dann ist my garden my kingdom. Ich bin sein Herrscher, auch wenn manche Außenstehende den Eindruck haben, er beherrsche mich. Mein Garten gehört mir. Oder besser: uns. Im Garten hat niemand sonst was mitzureden. Ungefragter Rat wird höflich, aber bestimmt zurückgewiesen.

Unsere Fehler machen wir selber. Wie soll man auch sonst je was lernen. Wir lernen vom Garten. Er bringt einem bei, was richtig und was falsch ist. Wenn es richtig ist, blüht und gedeiht es. Wenn es falsch ist, gehen die Pflanzen ein, fressen die Schnecken eine ganze Ecke kahl oder es passiert schlicht und einfach gar nichts. Learning by doing nennt man das, und im Garten dauert das oft ziemlich lange. Ein Jahr ist im Garten nichts.

Kleine Zwischenfrage: Wie lange leben einjährige Pflanzen? Ein Jahr stimmt natürlich, aber keiner sagt einem, dass sich auch Einjährige aussäen, so dass man im nächsten Jahr unter Umständen viel mehr Pflanzen derselben Art hat wie im Vorjahr. Dabei hatte man dort schon längst was Neues gepflanzt. So weit dieser Exkurs.

Wir waren dabei, dass ungebetener fremder Rat unerwünscht ist. Mein Garten ist meine Oase, mein Refugium. Da haben Fremde nur auf Einladung Zutritt. Es ist allerdings leicht, eingeladen zu werden. Man will sein Reich ja stolz präsentieren. Maler verstecken ihre Bilder ja auch nicht auf dem Speicher. Der blaue Rittersporn, der violette Ehrenpreis, die tiefroten Rosen, die blassblaue Clematis wollen vorgeführt und gewürdigt werden. Ihre Pracht soll sich im Staunen der Bewunderer spiegeln: »Wie hast du das nur gemacht, bei mir kommen die Cosmeen (Lupinen, Gladiolen etc.) nie?«

Wer seinen Garten präsentiert, stellt sich auch selbst kritischen Augen: seine Kreativität, sein Farb- und Raumgefühl, seinen Fleiß, seine Geduld, seinen (Un-) Ordnungsinn. Und so, wie Komponisten ihre Werke auch nicht gleich vor vollem Auditorium erklingen lassen, sondern erst vor geladenem Publikum eine Hörprobe abliefern, so will ich auch selbst entscheiden, wen ich in meinen Garten lasse. Da bin ich eigen. Es ist mein Garten, Bestandteil meines Ichs, Ausdruck meiner Persönlichkeit.

Unglücklicherweise mussten wir von Anfang an eine Ecke unseres ohnehin schon kleinen Gartens an unsere Mieter abtreten. Ein Gartengeschoss ohne Garten wäre schließlich weniger als eine halbe Sache. Freundlich und friedlich einigten wir uns darauf, dass sie den größten Teil des Vorgartens betreuen und im Übrigen natürlich vor ihrer Wohnung im eigentlichen Garten sitzen könnten.

Zu unserem großen Sommerfest vor ein paar Jahren stellten wir auf diesen, ihren Platz einen Biergartentisch samt Bänken, den wir dem jungen Paar anschließend überließen, weil er ihnen so gut gefiel. So weit, so gut. Womit wir nicht gerechnet hatten, war, wie beliebt die lauschige Ecke werden würde.

An fast jedem warmen Sommerabend sitzen seitdem unsere Mieter mit einem Grüppchen Freunde samt Kind und Kegel in unserem Garten. Sie alle fühlen sich dort verständlicherweise äußerst wohl, zwischen chinesischem Sommerflieder, Sonnenblumen und Efeu, umschwärmt von Schmetterlingen, ab und an besucht von kleinen Fröschen, Spatzen und den Katzen der Nachbarschaft.

Ihr Wohlgefühl ist ein Kompliment für uns und unseren Garten. So hatten wir ihn haben wollen: Ein Ort, um die Welt zu vergessen, mit Freunden zu plauschen, zu essen, zu trinken und zu träumen.

Allerdings hatten wir dabei egoistischerweise in erster Linie an uns gedacht. Jetzt aber fühlen wir uns ein klein wenig, wie aus dem Paradies vertrieben. Jedenfalls müssen wir teilen. Mit durchaus netten fremden Eindringlingen, die uns beim Unkrautjäten zuschauen, während sie die Früchte unserer Arbeit genießen.

Vom grünen englischen Daumen

Ich bin vernarrt in meinen Garten. Wenn ich mich nicht mit ihm beschäftige, betrachte ich ihn vom Balkon aus, wie ein Maler sein Werk. Maler sind mit ihren Werken meines Wissens nie zufrieden. Da in der Ecke fehlt noch ein Farbtupfer, dort ist die Stimmung zu düster, hier stimmt eine Perspektive nicht ganz. Ich bin kein Perfektionist, oder höchstens einer von jenen Überperfektionisten, die die Suche nach der Perfektion aufgegeben haben, weil sie wissen, dass sie diese sowieso nie erreichen können. Also genieße ich meinen Garten wie er ist, verändere mal hier, mal da was, aber bin's im Wesentlichen zufrieden. Außerdem will ich von meinem Garten ja auch noch was anderes haben als Arbeit. So freue ich mich denn meines kleinen Gartenglücks bis zu dem Tag, an dem es wieder einmal gen England geht.

England, das weiß jeder Gartenfreund, ist für Gärtner das, was Mekka für Moslems ist: Das gelobte Land, in das man mindestens einmal pilgern muss, um sich anregen (und frustrieren) zu lassen, um zu staunen und die Fassung zu verlieren. England ist ein einziger Garten, jeder Engländer, oder zumindest die, die nicht in der City von London wohnen, hat zehn grüne Daumen gleichzeitig und weiß mehr von Pflanzen als hierzulande ein gelernter Gärtner.

Scheinbar mühelos gelingt es ihnen, nicht nur im Wembley-Stadion flauschigsten Teppichrasen hervorzubringen, sondern auch noch an den kargsten Orten Exotisches zum Blühen zu bringen. Man sehe sich nur einmal den faszinierenden Garten des früh an Aids gestorbenen Filmregisseurs Derek Jarman auf einer felsigen, unwirtlichen Halbinsel bei Dungeness in der Grafschaft Kent gegenüber einem hässlichen Kernkraftwerk an.

Rund um sein blaues Prospect Cottage mit den gelben Fernstern blühen Kalifonischer Mohn und Nieswurz, Goldlack, Fingerhut, Salbei, Feuernelke, Malven, Gartenrauten, Schlehen, Disteln, Anchusa und Ringelblumen. Dazwischen hat Jarman Fundstücke, Muscheln, Feuersteine und Treibholz zu mystischen und völlig unprätentiösen Skulpturen arrangiert – alles zu bestaunen im wundervollen Buch *Derek Jarman's Garten*, das leider nur noch antiquarisch zu bekommen ist.

Jarman ist auch der beste Beweis dafür, dass Gartenleidenschaft in England im Gegensatz zu Deutschland nichts mit betulicher Spießigkeit zu tun hat oder gar nur etwas für brave Biedermänner und -frauen wäre. Gärten sind Bestandteil englischer Kultur und Gärtner entsprechend hoch angesehen. Queen Elizabeths Schwester Margarets Gartenleidenschaft ging so weit, dass sie jahrelang mit dem Gärtner und Landschaftsgestalter Roddy Llewellyn liiert war, den man sich bei entsprechendem Honorar übrigens auch selbst ins Haus kommen lassen kann.

Ich kann mir jedenfalls keinen schöneren Urlaub vorstellen, als mit dem Auto durch die englische Parklandschaft zu fahren. Die kurvenreichen Landstraßen gleichen grünen Tunneln. Immer mit dabei ein Schäufelchen für Freveltaten. Damit lässt sich Interessantes am Wegesrand verstohlen ausgraben.

Jedes größere englische Dorf hat seinen Gartenmarkt, der, anders als unsere öden Gartencenter, voller rarer Spezies steckt. Außerdem hat jeder englische Gärtner seinen eigenen Ehrgeiz, Besonderes zu züchten oder Gemeines in seiner perfektesten Gestalt. Im Mai, Juni und Juli locken lokale Garden Fairs, alle übertroffen von der legendären Chelsea Flower Show in Londons Royal Hospital in Chelsea an fünf Tagen im Mai, die von der Queen eröffnet wird.

Vor einigen Jahren landeten wir im ehrwürdigen alten Badeort Bath, der schon die Römer mit seinen warmen Quellen lockte. Und was fand dort gleich hinter dem Royal Crescent statt? Richtig: eine Garden Fair. Profigärtner, Gartenbaubetriebe, engagierte Amateure und Institute wetteiferten um den schönsten Stand, die perfektesten Blüten, die ausgefallensten Arten. Jeder hatte etwas anderes zu bieten – und alles war käuflich zu erwerben.

Der Sammeltrieb des Menschen ist unersättlich.

Mehr, mehr, mehr, haben, haben, haben, heißt die Devise auch dann noch, wenn man seine Schätze kaum noch unterbringen kann, nicht mehr weiß, wohin mit dem Hort. Es kam also, wie es kommen musste: Wir kauften ein paar Tontöpfe, zwei Salbei mit dunkelgrünen Blättern, eine weiß-lila Osteospermum Cannington Kira mit gefächerter Blüte und eine hellgelbe Akelei. Letztere war mitnichten ein kleines, zartes Pflänzchen, sondern ein ausgewachsenes meterhohes Exemplar, das wir für die nächsten fünf Tage behutsam auf dem Beifahrersitz durch den Süden Englands kutschierten.

Beinahe hätten wir auch noch eine wunderschöne eiserne Etagere aufgeladen, die uns in Bath ins Auge stach. Gleich am Flüsschen Avon hatte damals nämlich noch Walcot Reclamations sein Lager, ein Geschäft für alte Brunnen, steinerne Gartenbänke und -skulpturen, aber auch für schmiedeeiserne Gartentore, alte Kaminumrandungen oder ganze Badezimmer aus modernisierten englischen Herrenhäusern. Eine absolute Fundgrube für alle Country- und Gartenfans, die ausgefallene Dinge suchen. Inzwischen ist das Unternehmen insolvent, aber die Nachfolger Walcot Architectural Salvage geben ihr Bestes.

Als wir auf die Fähre zum Festland rollten, war der Kofferraum wieder einmal voll mit Neuerwerbungen, die kurz zuvor an der letzten Tankstelle noch einmal gewässert worden waren. Sie alle, auch die feingliedrige Akelei überstanden die Tortur bestens.

Englische Lese-Lust

England, Du hast es besser. Du hast die besseren Rockmusiker, die besseren Golfer und die besseren Gartenbücher. In den Buchhandlungen stehen keine trockenen Anleitungen zum richtigen Umsetzen von Komposthaufen im Regal, sondern sinnliche, farbsatte Prachtbände, die Lust auf Gärten aller Art machen. Ich bin süchtig nach diesen Büchern, überhaupt nach allem, was Engländer zum Thema Garten drucken.

Das beginnt bei einer der eigenwilligsten Gartenzeitschriften, die mir jemals begegnet ist. Ich glaube, Jürgen Dahl, zu Lebzeiten Deutschlands unumstritten bester Gartenautor, hat mich einst darauf aufmerksam gemacht. Sie hieß *Hortus – A Gardening Journal* und wurde vierteljährlich von David Wheeler und seinem Freund und Grafiker Simon Dorrell herausgegeben. Jetzt ist sie nur noch antiquarisch erhältlich. Kein Farbfoto verunzierte ihr Antlitz, ja selbst Schwarz-Weiß-Aufnahmen waren die rare Ausnahme.

Fast alle Illustrationen waren Holzschnitte, die Texte erstklassiger Gartenautoren zeugten von hoher Kennerschaft, waren trotzdem bestens lesbar und häufig äußerst amüsant. *Hortus* genoss unter Insidern hohen Kultstatus, nicht zuletzt deshalb, weil es so unaufgeregt, englisch spröde daherkam, kein Aufsehen von sich machte und dennoch für Gartenliebhaber unentbehrlich war.

Ähnlich zurückhaltend, aber immerhin mit Farbfotos ausgestattet, ist *Gardens Illustrated*, ein bescheidenes Coffee-Table-Blatt für Gartenfreunde, dessen stilvoller Eleganz keine hiesige Gartenzeitschrift nahekommt.

Sehr handfest ländlich, aber durchaus modern, gibt sich *Country Living*, das sich beileibe nicht nur Gartenthemen annimmt und stets dieses typisch englische Gefühl fürs Landleben verströmt, das nicht nur ich in Deutschland so schmerzlich vermisse. Auf der Insel sind Interesse am country living und Dinge wie Stil oder Geschmack eben durchaus nicht zweierlei Paar Stiefel.

Wer sich mit englischen Gartenbüchern beschäftigt, kommt an einigen klassischen Autoren nicht vorbei. Allen voran Vita Sackville-West (1892–1962). Die Schöpferin des Gartens von Sissinghurst hat in den Fünfzigerjahren ihre frühen Artikel aus dem *Observer* in vier Bänden veröffentlicht (die ersten beiden wurden 1996 und 1998 erneut aufgelegt). Unter den Titeln *Mein Frühlingsgarten, Mein Sommergarten, Mein Herbstgarten, Mein Wintergarten* erschien 1998 auf Deutsch eine Auswahl daraus, in der eine ganze Reihe wesentlicher Dinge zum Thema Garten gesagt werden: »Auch aus dem kleinsten Garten lässt sich mit Phantasie etwas machen. Das ist keine Frage der Flächen, sondern eine Frage von Geschmack, Vision, Design, Farbsinn und Anordnung.«

Rosemary Vereys Wissen um Gärten und Gartenplanung beruht auf den Erfahrungen, die sie mit Barnsley House, dem Familiensitz ihres Mannes in Gloucestershire, gemacht hat und die sie viele Jahre lang in einer Kolumne für *Country Life* weitergegeben hat. Rosemary Verey hat unter anderem auch schon einen Garten für Prinz Charles gestaltet.

David Austin verfügt über exzellente Kenntnisse von Alten und Englischen Rosen, die er übrigens auch selbst züchtet und verkauft. Einer der absoluten big names in Garten-England ist der von Gertrude Jekyll (1843–1932), der Gestalterin mehrerer großer Landschaftsgärten, während Penelope Hobhouse zu den populärsten zeitgenössischen Gartenautoren zählt. Sie war viele Jahren oberste Gärtnerin von Tintinhull in Somerset, einem Garten, der dem National Trust gehört, und hat darüber unter anderem in ihrem Buch *On Gardening* geschrieben. Und die Schriftstellerin Germaine Greer macht sich erstaunlicherweise nicht nur für Frauen stark, sondern in ihren

Zeitschriftenessays und im Bändchen *Heckengeflüster* auch für ihre Gartenleidenschaft.

Zahlreiche prachtvolle und/oder hilfreiche Bücher und Videos hat die Royal Horticultural Society (RHS) herausgegeben, deren Flower Shows im Übrigen legendär sind und bei der man auch als Deutscher Mitglied werden kann, was etwa den Erhalt von heiß begehrten und nur im Vorverkauf erwerbbaren Tickets zur Chelsea Flower Show im Mai sehr vereinfacht, zumal ein Tag ausschließlich für RHS-Mitglieder reserviert ist. Von der RHS stammen zum Beispiel mehrere grandiose Enzyklopädien, die auch auf Deutsch erschienen sind. Sie gehören zur Grundausstattung jedes engagierten Gartenliebhabers.

Ich habe mir einmal den Spaß gemacht und wurde für ein Jahr Mitglied der CGA, der Country Gentlemen's Association, einer mehrere hunderttausend Mitglieder starken Gemeinschaft von traditionsbewussten Freunden des Landlebens. Nicht nur die monatliche Vereinszeitschrift *Country* mit einer Reihe von Gartentipps lohnte die Mitgliedschaft, dazu kamen Vergünstigungen in Landhotels etc. Am lustigsten aber waren das Angebot einer speziell für CGA-Mitglieder gezüchteten Rose und die Möglichkeit, sich an Besuchen in privaten englischen Gärten und Herrenhäusern zu beteiligen. Für ein kleines Grüppchen von CGA-Mitgliedern öffneten da Gartenfreunde die Tore zu ihren Häusern und Gärten, die man sonst nie zu sehen bekäme.

Wer nicht gleich CGA-Mitglied werden will, dem ist vielleicht mit dem *Good Gardens Guide* gedient, in dem über 1250 Gärten in Großbritannien und Irland beschrieben sind. Darin sind natürlich all die vom National Trust betreuten, quasi öffentlichen Gärten wie Vita Sackville-Wests Sissinghurst enthalten und obendrein eine Vielzahl von privaten Gartenanlagen, die nur an wenigen, manche sogar nur an einem einzigen Tag im Jahr, für Publikum geöffnet sind. Die vorerst letzte Ausgabe stammt von 2010/11.

Das Schöne an all den englischen Gartenpublikationen ist ihr zurückhaltender, selbstverständlicher, ja beinahe schon lakonischer Ton, mit dem sie jede Phase der Karriere eines Gartenliebhabers begleiten. Ohne Besserwisserei vermitteln sie nicht nur alles nötige Gartenwissen, sondern zugleich auch eine innere Einstellung zum Garten.

Kann denn Erde dreckig sein?

Dreck ist etwas Unappetitliches, Unangenehmes. Etwas, vor dem man sich ekelt, das riecht, gar stinkt. Etwas Undefinierbares. Einfach etwas, mit dem man nichts zu tun haben möchte, vor dem man sich hütet, das man vermeidet.

Im Garten gibt es keinen Dreck.

Im Garten kann man sich schmutzig machen, wer würde das leugnen. Erde und Gras, Beeren und Blütenstaub hinterlassen ihre Spuren, von denen nicht nur Frau Klementine alpträumt. Aber all dieser Schmutz ist organisch, sozusagen biologisch rein und sauber. Dieser Schmutz ist überschaubar und definiert. Es ist klar, was da Flecken verursacht, und es ist natürlich und es ist echt. Und manchmal ist es ein Vergnügen, richtig schön schmutzig zu sein.

Selbst modriges Laub, matschige Birnen und morsches Holz haben ihre eigene Ästhetik. Sie sind Zeichen des natürlichen Verfalls. Irgendwann wird daraus wieder Erde und wer könnte sich vor Erde ekeln? Man braucht nicht gläubig zu sein und an Adam zu denken, der ja aus Lehm geschaffen worden sein soll, um das hohe Lied der Erde zu singen. Welche Kraft steckt in der Erde! Was gibt es Schöneres als frische Erde, locker, krümelig und duftend? Erdig duftend, wie sonst. Schwarze Erde, braune Erde, rote Erde, von feuchter Schwere oder flockig leicht. Erde zum Hineingreifen, Hineinwühlen, am besten und liebsten mit bloßen Händen. Wenn man solche frische Erde auf der Haut spürt, spürt man Leben. Manchmal sogar ganz drastisch und real in Gestalt eines dunkelrosa Regenwurms.

Ignoranten, die die Gartenarbeit mit derben Handschuhen erledigen! Die mit Schäufelchen und kleiner Hacke Beete ziselieren. Wie kann man ein Gefühl für etwas entwickeln, das man nur durch groben Leder oder dicken Stoff berührt? Wie können sie fühlen, was der Boden braucht, wenn sie ihn nicht an ihre Hände lassen? Sie sind wie ein Bildhauer, der den Marmor nur mit Greifarmen bearbeitet, wie die Mutter, die ihr Neugeborenes im Brutkasten nur durch zwei Löcher mit eingearbeiteten Schutzhandschuhen streicheln darf.

Erst wenn man die Erde durch die Finger rieseln lässt, bekommt man ein Verhältnis zu ihr. Erst wenn man sie zu Haufen schichtet, mit den Händen andrückt oder verteilt, spürt man, ob sie Wasser braucht, sich die Nässe in ihr staut oder ob sie locker genug ist, damit auch feine Wurzeln sie durchdringen können.

Natürlich benötigt man Handschuhe, um sich nicht an den Rosendornen zu verletzen, natürlich braucht man einen Spaten und eine Schaufel, um sich die Arbeit zu erleichtern, aber die Gerätschaften dürfen keine Distanz zum Garten schaffen, frei nach dem Motto: Wasch mir den Pelz, aber mach mich nicht nass. Wer in und mit seinem Garten lebt, braucht den direkten Kontakt, wie Menschen Hautkontakt brauchen, um einander nahe zu sein und nicht emotional zu verkümmern.

Angst vor der Erde unter den Fingernägeln? Sie

adelt den Gärtner. Bertolt Brecht soll sich jeden Morgen mit einer silbernen Pinzette oder gar einem eigens konstruierten Maschinchen Dreck unter die Nägel geschoben haben, um glaubhaft proletarisch zu wirken. Gärtner haben so etwas nicht nötig. Ihren Händen sieht man an, was sie tun. Sie sind rissig, voller Kratzer und Schwielen. Das unterscheidet sie von anderen Menschen und das ist gut so.

Der Traum vom Aufsitzrasenmäher

In amerikanischen Filmen fahren die Familienväter sonntags immer damit durch den gepflegten Vorgarten. Knatternd und stinkend geben sie ihren Besitzern das Gefühl, echte Farmer zu sein, Südstaaten-Rednecks, die auf ihren kraftstrotzenden Traktoren der Erde Wertvolles abringen. Da spielt der Mythos von der Eroberung des Wilden Westens mit, von den frontier men, die die Savanne urbar machten. Wären es nicht Amerikaner, könnte man vermuten, dass ihnen auch die Bilder martialischer Ernte-Schlachten aus frühsowjetischen Schwarz-Weiß-Dokumentarfilmen à la Sergej Eisenstein durch den Kopf gehen, in denen Helden der Arbeit das Getreide für Brot fürs Volk einfahren.

Mit Traktoren muss ein männlicher Urtrieb verbunden sein: Wer einen Traktor vorwärtsbewegt, ist nicht nur Ernährer der Familie, sondern auch Herrscher über die Kräfte der Technik. Er macht sich im wahrsten Sinne des Wortes die Erde untertan. Und so ein Aufsitzrasenmäher ist eben auch so eine Art Traktor, wenn auch im Mini-Format.

Auch ich träume schon lange davon, so ein Ding zu besitzen. So schwierig ist das ja nicht. Für unter 1000 (und bis zu 10 000) Euro stehen diese Gefährte jetzt schon am Eingang zum Gartenmarkt. Rotlackiert (wie sonst?!), möglichst von einer großen Traktorfirma wie John Deere, notfalls auch von Honda: Zwei gegenläufig rotierende Messer mähen das Gras. Ein starker Luftstrom wirbelt die Halme durch einen Kanal unter dem Fahrersitz direkt in die Sammelbox am Heck. So kann feuchtes Gras nicht klumpen und verursacht keine Stauungen im Gerät. Mein Aufsitzrasenmäher hätte 4-Rad-Lenkung, hydrostatisches Getriebe, eine gefederte Sitzschale und natürlich eine Anhängerkupplung für diverse Zusatzgeräte vom Grasfangkorb bis zum Schnittgutsammler, Düngerstreuer, Rasenlüfter oder Einachskipper. Und vorne muss man ein Schneeräumschild oder eine Kehrmaschine montieren können.

Was mir fehlt, ist die dazugehörige Wiese. Was soll ich mit einem Aufsitzrasenmäher in einem 100-Quadratmeter-Garten ohne Rasen? Irgendwie käme ich mir blöd vor, wenn so ein Ding bei uns rumstehen würde. Die Nachbarn würden doch dumm schauen, wenn ich meine Runden auf dem Kiesweg ums Buchsbaumrondell drehen würde. Und ich möchte auch nicht in der Nachbarschaft betteln gehen, um irgendjemandes Rasen mähen zu dürfen.

Ich könnte mir eine Wiese pachten. Einfach so. Zum Mähen. 2000 bis 3000 Quadratmeter Wiese irgendwo auf dem Land, von einem Bauern, der sonst nichts damit anzufangen weiß. Solche Wiesen gibt's in Deutschland genug. Alle paar Wochen könnte ich hinfahren, meinen roten Aufsitzrasenmäher anschmeißen und dann, ein fröhlich Liedchen pfeifend, stolz herumkurven. Ich würde nicht einmal, wie es ein Freund tut, meine Frau vor dem Aufsitzrasenmäher herlaufen lassen, damit sie die großen Steine aufklaubt, die die Messer beschädigen könnten.

Muster würde ich mähen, wie der Kollege im Wembley-Stadion: Schachbrettartig und Rauten, und vielleicht könnte ich bei entsprechender Übung auch meine Initialen ins Grün schneiden. Damit man schon beim Anflug auf Hamburg sieht, dass da jemand Spaß am Mähen hat. Vertikutieren könnte ich und düngen, vielleicht würde ich mir sogar einen ankuppelbaren Pflug zulegen und im Herbst die ganze Wiese umgraben und neu einsäen.

Heissa, wäre das ein Spaß.

Ich fürchte nur, irgendwann wäre mir das wahrscheinlich nicht mehr genug. Dann würde ich unsere Freundin Maria anrufen. Die weiß Bescheid. Die kennt einen Landmaschinenhändler, der gebrauchte Traktoren verkauft. Maria hat ihrem David zur Hochzeit einen alten grünen Lanz-Bulldog geschenkt. Der war sogar billiger als so ein neuer Aufsitzrasenmäher. Zugegeben, die beiden haben als Wochenendwohnsitz einen Resthof mit ungefähr drei Hektar Land. Da reicht ein Aufsitzrasenmäher einfach nicht mehr aus.

Aber wenn ich mir von Petra auch so einen richtigen Traktor schenken lassen würde, könnte ich mir ja auch ein etwas größeres Grundstück pachten, damit der Traktor Auslauf hat.

Kampf den Feinden

Nicht alle lieben meinen Garten so wie ich. Oder besser: Sie lieben ihn sogar noch mehr als ich. Jedenfalls muss ich meinen heißgeliebten Garten mit anderen teilen, die ihn nicht so schonend behandeln wie ich. Mit Gartenfreunden, die sich an ihm gütlich tun, ihn als ihr Spezialitätenrestaurant und ihre Spielwiese ansehen.

Hemmungslos genießen sie ihn und seine Früchte. Sie nehmen keine Rücksicht auf mich, der ich so viel Arbeit und Geld hineingesteckt habe. Sie nutzen die Gutmütigkeit aus, mit der ich immer wieder für Nachschub sorge.

Über die Vögel, die meine Johannisbeeren und Himbeeren fressen, kann ich mich nicht groß aufregen. Hunger haben wir schließlich alle, Beeren kann ich auf dem Markt kaufen, und die Schönheit des Gartens würde unter flirrenden Metallstreifen oder gar einer Vogelscheuche wesentlich mehr leiden.

Die Wespen, die die reifen Birnen anknabbern, können auch mit Vergebung rechnen. Birnen haben wir schließlich genug. Außerdem sind die Waffen ungleich verteilt: Mit Wespenstacheln lege ich mich ungern an.

Mit bösen Konsequenzen aber müssen zum Beispiel Blattläuse auf den Rosen rechnen. Diese hartnäckigen kleinen grünen Biester können einen zur Verzweiflung treiben. Zwar bietet jedes Gartengeschäft ganze Regale voller Gegenmittel, aber wer will sein schönes Stück Natur schon voller Chemie pumpen? Natürlich gibt es auch noch eine ganze Reihe absolut sicherer Hausmittelchen, die garantiert helfen sollen. Seifenlauge zum Beispiel. Wenn man die Rosen damit abwäscht, macht das angeblich den Blattläusen den Garaus. Die Erfahrung zeigt: Sie werden dabei allenfalls sauber.

Nachbars schwarzer Kater Munkel hat derlei Behandlung nicht zu fürchten, obwohl wir auch ihn lieber von hinten sehen. Dieses schwarze Tier stammt vermutlich direkt von einem südamerkanischen Puma ab und hat dessen kriegerische Eigenschaften noch in den Genen. Obwohl sein Besitzer ihm sogar ein Glöckchen umgehängt hat, gelingt es Munkel immer wieder, sich einen Vogel zu schnappen. Wenn man einen Garten hat, um wahre Harmonie zu erleben, Ruhe und Frieden zu genießen, kommen einem derartige Rituale der Natur seltsam archaisch vor. All zu viel natürliches Verhalten will man im eigenen Garten dann ja auch wieder nicht erleben.

Ich betrachte Munkel jedenfalls als ausgesprochen ungern gesehenen Eindringling in meinem friedlichen Garten und verjage ihn mit einem gezielten Strahl aus dem Gartenschlauch. Und unsere Nachbarin zur Linken hat sich gar eine riesige, vermutlich waffenscheinpflichtige Wasserpistole gekauft, um sich, ihren Garten und ihre nicht so wehrhafte Katze vor den Übergriffen des schwarzen Katers zu schützen.

Der größte Feind meines Gartens, und da wird mir jeder Leidensgenosse zustimmen, aber sind die Schnecken. Harmlos aussehende braune Tierchen von äußerst gefräßigem Wesen. Wer nie einen Garten und somit auch nie Schnecken gehabt hat, vermag sich nicht vorzustellen, was ein paar wenige Exemplare dieser Spezies anrichten können. Noch nie ist es uns in fünf Jahren etwa gelungen, Lupinen zur Blüte zu bringen. Immer waren die Schnecken schneller. Ratzfatz fraßen sie die zarten Pflanzen, wenige Tage nachdem ich sie gepflanzt hatte, auf. Meistens war nicht mehr die geringste Spur der Lupinen mehr zu entdecken, so dass ich mich ernsthaft fragte, ob ich sie je eingepflanzt hatte.

Für Schnecken hat niemand Sympathie. Sie sind nicht süß und pelzig, sie haben keine guten Seiten wie die Frösche, die die lästigen Mücken vertilgen und zumindest die Arten, die in unsereines Garten leben, sind auch keine leckere Vorspeise. Sie sind eklig, zäh, und sie gehen mit dem Garten mindestens ebenso zerstörerisch um, wie Conan, der Barbar, mit seinen Feinden.

Also gibt es für sie kein Pardon.

Es gibt viele Arten, Schnecken um die Ecke zu bringen, und jeder Gärtner weiß mit diabolischem Grinsen noch eine weitere Variante zu erzählen. Die sanfteste Methode sind gezackte Schneckenzäune, die man rund um den Garten eingräbt. Schnecken können nicht darüber klettern und der Garten bleibt sauber. Wenn er es denn vorher war. Ansonsten freuen sich die Schnecken im Garten, weil sie jetzt mit niemand mehr teilen müssen. Außerdem sind Schneckenzäune sauteuer.

Wer sich nicht selber die Hände schmutzig machen will, kauft den berühmten »Schneckentod«, ein Chemieprodukt, das die Schnecken, die davon kosten, innerlich austrocknet und anderen Lebewesen angeblich nichts Böses antut. Bei allem Hass auf Schnecken stöhnt mein christliches Gewissen auf, wenn ich mir vorstelle, wie diese feuchtigkeitsbedürftigen Glibberdinger so gaaaanz laaangsam innerlich verdörren. Außerdem muss man die verkrümmten Leichen später zusammensammeln. Irgendwie passt das auch wieder nicht zur Harmonie von Mensch und Natur in meinem Garten.

Eher anfreunden könnte ich mich mit der Biermethode. Dabei gräbt man alte Joghurtbecher im Garten ein und füllt sie mit Bier. Der Geruch lockt die Schnecken an, gierig wie sie sind, stürzen sie sich in die Becher und ertrinken im Bier. Immerhin ein schönerer Tod, als zu verdursten. Ein Freund, der die Methode ausprobierte, wusste von übergroßen Erfolgen zu berichten. Bier scheint den Schnecken ähnlich wichtig zu sein wie den Bayern. Von nah und fern kamen die Schnecken in seinen Garten, um sich einen Rausch anzusaufen. So viele Schnecken hatte er noch nie in seinem Garten gesehen. Täglich musste er randvolle Becher voller ekliger, aufgeschwemmter Bierleichen entsorgen.

Angeblich schneckenfreundlich ist es, die Tierchen mit kochendem Wasser zu übergießen. Das garantiere ihnen einen schnellen Tod. Wer immer das behauptet, unterschlägt das Wesentliche dieser Methode:

Man muss sie dafür nämlich erst einmal einsammeln. Schnecken pflegen aber nun einmal nicht an einem schönen Sonntagnachmittag vor dem Liegestuhl zu paradieren. Weil sie als schlaue Wesen Angst vor zu viel Sonne haben, kommen sie frühestens in der Dämmerung aus ihren Verstecken. Und auch dann schleichen sie sich geschützt unter Blättern durchs Gelände und sind so leicht nicht zu erwischen. Wie viele Stunden habe ich abends mit Taschenlampe und Plastiktüte bewaffnet auf Schneckenjagd im Garten verbracht. Richtiggehend angesessen bin ich, bis ich irgendwo die glitzernde Schleimspur eines Feindes entdeckt habe.

Anders als meine brutalen Ratgeber habe ich es aber nie übers Herz gebracht, den gefräßigen Geschöpfen mit ihren winzigen Knopfaugen mit kochendem Wasser den Garaus zu machen. Und auch zu der Methode, die glitschigen Tierchen einfach mit der Schere zu zerschneiden, konnte ich mich nie durchringen. Am Anfang habe ich die Tüte voller Schnecken in den nächsten öffentlichen Park gebracht. Aber als ich gesehen habe, wie schnell die lieben Kleinen verschwunden waren, bekam ich doch Angst, sie würden rachedurstig den Weg nach Hause finden. Man weiß ja nie.

Seitdem mache ich die Plastiktüte immer ganz fest zu und stecke sie in die Mülltonne. Wenn der Schneckengott will, kann er sie von dort ja retten. Vielleicht kommen sie auf eine große Müllkippe, wo sie wie im Paradies leben können. Und ich bin dann moralisch aus dem Schneider.

Visite bei Jürgen Dahl

Einen wie ihn gibt es kein zweites Mal. Er war der Doyen unter den deutschen Gartenautoren und das soll seine namhaften Kollegen in keinster Weise herabsetzen. Aber Jürgen Dahl war eben ganz etwas Besonderes. Von ihm konnte man – in seinen zahlreichen Büchern, im WDR, regelmäßig in der *ZEIT*, in *kraut&rüben*, in *Flora* und *Country* – nicht nur viel über den Garten und seine Pflanzen lernen, sondern noch viel mehr über die Welt an sich und das Leben überhaupt. Und so war ein Besuch auf Jürgen Dahls Lindenhof in Kranenburg-Mehr bei Kleve am Niederrhein denn auch aufregender als ein exotischer Trip um die halbe Welt.

Der Lindenhof war Dahls Zufluchtsort vor der Unbill der Welt. Er war sein Lebensmittelpunkt und das ist wörtlich zu nehmen. Der Lindenhof und sein Garten waren für Jürgen Dahl ein Mikrokosmos, aus dem sich ein Gutteil seines Weltbildes herleitete.

Ein Stückchen hinter Kleve führt eine schmale, kurvige Landstraße vor die Stadt. Plattes Land wohin man schaut, und vor dem geistigen Auge tauchen die Fernsehbilder von der großen Überschwemmung 1995 auf, als sich der Rhein breitmachte und auch der Lindenhof in die Gefahrenzone geriet.

Vier hohe Pappeln verdecken die Einfahrt zum Hof. Links der Zufahrt war der penibel strukturierte Staudengarten, rechts der zuletzt gepflanzte Kräutergarten. Hinter den Stauden steht das niedrige Wohnhaus, hinter den Kräutern ein umgebauter Stall. Zwei große Scheunen vervollständigen das Ensemble, das sich um einen hübschen Innenhof gruppiert. Am anderen Ende des Hofs liegt der Nutzgarten, und hinter der Scheune hat Dahl einen kleinen Teich und einen Steingarten angelegt.

Wo andere Gärtner Ästheten und Perfektionisten sind, war Dahl ein Experimentierer, ein Neugieriger, der ständig dazulernen, neue Erfahrungen sammeln wollte. Natürlich hatte auch sein Garten Schönheit, nur war er nicht so gefällig, nicht so auf vordergründige Effekte aus, wie viele seinesgleichen. Dahls Garten, oder besser seine Gärten, waren keine Postkartenidyllen, bei denen Fotografen vor Freude aufjuchzten, sondern vielmehr auf Funktionalität angelegte Freiluftlabors, in denen Dahl mit wissenschaftlicher Akribie den Geheimnissen des Gärtnerns hinterherspionierte.

Jürgen Dahl glaubte nicht, was er las – und der frühere Buchhändler las sehr viel –, sondern er wusste, was er selbst erfahren hatte. Dabei war er ein großer Freund simpler, praktischer Ideen. Zeitungspapier etwa war bei ihm für vieles gut. Mit dicken Lagen deckte er den Boden für ein neu urbar gemachtes Stück Garten monatelang ab, damit darunter alles ungewollte Kraut restlos verkümmerte. Wollte er eine kleine Mauer im Steingarten haben, schichtete er sie aus alten Zeitungen auf, die durch Wind und Wetter stabiler wurden, als eine klassische Feldsteinmauer. Dahl lud seine Leser und Zuhörer »zum genauen Hinsehen, zum weiteren Nachdenken, zur Überprüfung alter Regeln und Gewohnheiten, zum Experimentieren und zum Fragen« ein. Und all das beschränkte sich eben nicht nur darauf, wann man was aussäht oder beschneidet.

Eine Zeit lang konnte man von Jürgen Dahls Erfahrungen direkt profitieren: Jeden Samstag führte er durch seinen Kräutergarten und verkaufte, was er entbehren konnte. Wenn er Zeit hatte, weihte er seine Kundschaft anschließend bei einer Tasse Kaffee in die Geheimnisse der Kräuter ein. Und wer dann Feuer gefangen hatte, konnte sonntags ein Kräuterseminar auf dem Dahl'schen Lindenhof besuchen.

Einmal im Jahr, im Spätherbst, lud der sonst eher scheue Autor, der sich verbat, auch nur von einem

Faxgerät in seiner Privatheit gestört zu werden, Freunde, Bekannte und Sinnesverwandte nach rheinischer Tradition zum »Weckmann-Essen« an den Kamin im umgebauten Stall. Bei Unmengen von rosinengespickten Weckmännern, Kaffee und Tee wurde dann über Kunst und Natur, Ökologie und Literatur geredet und philosophiert. Und wenn man Glück hatte, führte einen Dahl in eine kleine Werkstatt in der Scheune. Dort zeigte er, was ihn gerade so intensiv beschäftigte: die Herstellung von handgeschöpftem Papier zum Beispiel. Voll jugendlicher Begeisterung zog er gepresste Blätter unter schweren Büchern hervor, bestaunte die faszinierenden Strukturen des selbstgefertigten Papiers, zeigte im Papier eingeschlossene Blüten und Samen – er hatte etwas für sich Neues entdeckt, eine Erfahrung gemacht, etwas gelernt, was ihm wieder ein Stückchen weiterhalf, die Welt und ihre komplizierten Zusammenhänge zu verstehen.

Jürgen Dahl konnte einen inspirieren und mitreißen, weil er nicht nur vieles wusste, sondern wie kein anderer Verbindungen herstellen und so neue Horizonte öffnen konnte. Ohne Jürgen Dahl hätte ich heute vielleicht einen hübschen Garten, würde ab und zu eine neue Pflanze kaufen, weil mir ihre Farbe gefällt oder weil irgendwo noch ein Eckchen frei wäre. Aber ich hätte nie begonnen, einen Garten zu verstehen, das System Garten zu begreifen, ein Gefühl für Gärten zu entwickeln. Ich würde noch immer gedankenlos durch fremde Gärten und Parks schlendern und sie (hoffentlich) schön finden, aber ich würde nicht darüber nachdenken, was sich hinter ihrer vordergründigen Schönheit verbirgt, welche Intentionen ihre Gestalter hatten. Ich hätte keinen Sinn für ihre Ausstrahlung und woher sie rührt. Ich würde sie nicht als Teil eines großen Ganzen begreifen, eine kleine Welt analog zur Großen, deren Strukturen möglicherweise ganz andere Dinge erklären können.

Jürgen Dahl war ein Gärtner und ein Philosoph. Ein Philosoph, der ohne seinen Garten wahrscheinlich vieles nicht so klar durchschaut hätte. Niemand sonst konnte ökologische Zusammenhänge so undogmatisch, so schlüssig und verständlich erklären wie der sensible Freigeist Jürgen Dahl. Wenn man bei ihm, in seinem mit Büchern bis an die Decke vollgestopften Wohnzimmer saß, wenn der hagere Grübler mit dem grauen Bart und dem ganz leicht gekrümmten Gärtnerrücken erzählte, wenn seine fröhliche Frau Hella Tee servierte, dann wurde die Welt auf einmal ziemlich einleuchtend. Dann begriff man, warum etwas so ist, wie es ist und man verstand nicht, warum so viele Menschen stur in die falsche Richtung weiterrennen.

Jürgen Dahl ist 2001 gestorben, aber seinen Lindenhof gibt es noch immer: als Gästehaus, durch das der Geist von Jürgen Dahl noch heute weht.

Blinde Leidenschaft

Blinde Leidenschaft ist bestenfalls langweilig und banal, schlimmstenfalls peinlich. Unreflektierte Schwärmereien finden meist ein schnelles Ende. Wahre Liebe muss reifen, sie hat ihre Hochs und Tiefs, hat kritische Zeiten zu überstehen und muss auch einmal mit einem zeitweiligen Abflauen des Interesses fertigwerden.

Das gilt auch für meine Liebe zum Garten, die schon jahreszeitenbedingt bessere und schlechtere Zeiten kennt. Im Winter erkaltet diese Liebe regelmäßig ein kleines bisschen, bevor sie im Frühjahr wieder auftaut, im Sommer hitzig wird und mit dem Herbst ein abgeklärtes Stadium erreicht.

Vor vielen Jahren hat der Schriftsteller, Ex-Marilyn-Monroe-Ehemann, Hobbyschreiner und passionierte Gärtner Arthur Miller in der *ZEIT* seine und eigentlich auch meine wechselnden Gefühle für seinen/meinen Garten beschrieben. Sein Text »Einmal Gärtner, immer Gärtner – Warum die Gartenarbeit für viele so unwiderstehlich ist« ist bei aller vorgeschobenenen Distanz und Zurückhaltung eine einzige Liebeserklärung an ein kleines Stückchen Erde, in seinem Fall in Connecticut, USA, in meinem Fall in Hamburg, Deutschland.

So, als wäre es ihm unangenehm, seine damals

schon 35 Jahre währende Liebe offen zu erklären, als schämte er sich einer Zuneigung, die sich für einen Intellektuellen nicht schickt, flüchtet sich Miller in die Ironie: »Ich habe es nie verstanden, warum sich die Menschen einen Garten halten und warum auch ich mich vor 35 Jahren, als ich mein erstes Haus auf dem Land gekauft hatte, zuallererst daran machte, Erde für einen Gemüsegarten umzugraben. Überlegt man, wie einfach und leicht es normalerweise ist, ein Bund Karotten oder Rote Bete zu kaufen … warum dann selber ziehen? Wo gerade selbst gezogenes Wurzelgemüse besonders schwer von gekauftem zu unterscheiden ist. Es ist der reinste Atavismus – eine Art rückgratverkümmernde Wunschvorstellung, die nichts mit der Wirklichkeit zu tun hat. Außerdem mag ich gar nicht besonders gerne Gemüse. Ich esse viel lieber etwas knackig Saftiges wie zum Beispiel Würstchen. Wenn man doch nur Würstchen mit Senf und Sauerkraut vor seinem Küchenfenster ziehen könnte!«

Aber wenn die Frühjahrssonne durchbricht, gesteht sich natürlich auch Miller alljährlich wieder seine Liebe und fängt an, im Garten zu werkeln, allerdings nicht, ohne eine Rechtfertigung für sein und unser aller Tun mitzuliefern: »Ich glaube für manche Heimgärtner ist die Gartenarbeit deshalb so anziehend, weil sie pflichtbesessene Neurotiker sind: Immer wenn einem das Leben sinnlos vorkommt oder ganz besonders schwierig ist, kann man in den Garten gehen und da etwas »Nützliches« tun. Mütterliche oder väterliche Instinkte spielen da mit, denn die armen lebenden Pflänzchen schaffen es ja ohne dich nicht, sie brauchen eine gewisse Ordnung, Zuwendung und Schutz vor den bösen Feinden.«

Und so gibt sich auch Arthur Miller denn erneut seiner immerwährenden Liebe hin, gräbt um, sät ein, wässert und jätet, um eines Tages einmal mehr festzustellen: »Es gibt zum Beispiel kaum einen befriedigenderen Anblick als einen gut gepflegten Gemüsegarten, der taufrisch in vielen verschiedenen Grünschattierungen morgens in der Sonne liegt. Übrigens sieht das schöner aus als ein paar Reihen heißer Würstchen.« Millers lockere Zunge, seine vorgebliche Hassliebe auf seinen Garten und die damit verbundene Arbeit, kann nicht über unsere wahren Gefühle hinwegtäuschen. Unsere Leidenschaft sitzt tief, und wahre Liebe gibt es nicht umsonst: »Ein Garten ist eine Erweiterung unserer selbst, und so muss es etwas sein, um das wir uns auf immer neue Art bemühen müssen.« Folgerichtig Millers Quintessenz: »Gartenarbeit bildet den Charakter.«

Dieser gebildete Charakter schützt uns Gärtner allerdings nicht vor einem immanenten Denkfehler, den auch Arthur Miller eingesteht: »Nur ein Gärtner ist dazu fähig, dass – komme Dürre, Flut, Orkan oder auch nur seine eigene Dummheit – er stets wieder überzeugt ist, dieses Mal alles richtig zu machen!

Gott hat sich schon die richtige Beschäftigung für seine Söhne und Töchter ausgesucht, nämlich die der immer wiederkehrenden und nicht regenerierbaren Selbsttäuschung.«

Gartenzwerge sind nicht spießig

Mit Kulturgütern ist das so eine Sache. Sie gehören zur nationalen Identität, und von der kann man sich als Bürger und Individuum nicht so einfach lossagen. Ob man will oder nicht, mit Beethoven und Goethe, Dürer, »Kaiser« Franz, Karl Lagerfeld, Steffi Graf und Heidi Klum hat man etwas zu tun und etwas gemein. Sie gehören zu einem und manchmal hätte man gerne, sie gehörten einem.

Man mag ein zwiespältiges Verhältnis zu den nationalen Mythen haben, als Öko-Fundi zum Porsche etwa oder als Punk zu den Jungs von Ballermann 6, aber man entkommt ihnen nicht. Und deshalb gehören auch Gartenzwerge irgendwie zu jedem von uns. Schließlich haben wir (wer ist das eigentlich, »wir«?) die zu Zeiten des Barocks genauso erfunden wie später die Schrebergärten.

Schon Nationaldichter Goethe schreibt in *Hermann und Dorothea*: »So war mein Garten auch in der ganzen Gegend berühmt, und jeder Reisende stand und sah durch die roten Staketen nach den Bettlern von Stein und nach farbigen Zwergen.«

Also Schluss mit der Distanziererei! Warum peinlich berührt wegschauen, wenn wieder irgendwo so ein Wicht im Vorgarten steht? Warum im Gartenmarkt schmerzverzerrt die Augen schließen, wenn die einschlägige Ecke in Sicht kommt? Warum hämisch lachen über den gemörderten Gartenzwerg, der mit dem Messer im Rücken im Garten des aufgeklärten Studienrats liegt, warum erleichtert lächeln beim Anblick einer Angela-Merkel-Gartenzwergin im Biotop eines Grünen, der auf political correctness hält? Nieder mit dem verschämten Alibi-Zwerg, es lebe der klassische Wichtel.

Oder ist die schleichende Puttoisierung unserer Gärten etwa ein Fortschritt? Ein kleines, aus Beton gegossenes (hält länger und ist billiger als Sandstein) Engelchen auf einer dekorativen Säule hier ins Eck, dort eine wuchtige Gartenbank, auf der schon Nero gesessen und sich den Hintern abgefroren haben soll, in der Mitte ein Brunnen in Neptungestalt, dessen Wasser aus ökologischen Gründen immer wieder umgewälzt wird, bis die trübe Brühe mal wieder die Pumpe verstopft. Eine Sonnenuhr gefällig? Bitte schön, hier hätten wir ein beinahe antikes Modell aus Kupfer, schon ab Werk voroxydiert, damit es nicht so neu glänzt.

Nein, da lobe ich mir den ehrlichen deutschen Gartenzwerg. Gartenzwerge sind doch so, wie wir selbst sein möchten: fröhlich, schelmisch und farbenfroh. Emsig bei der Arbeit, kennen keine Rast und keine Ruh'. Nie lassen sie sich unterkriegen, trotzen Wind und Wetter (besonders die modernen Plastikvarianten), sind genügsam und sparsam.

Seit jeher waren die kleinen, bunten, erdverwurzelten Abbilder des Menschen eine spöttische Mahnung an uns, uns selbst nicht zu wichtig zu nehmen, und gleichzeitig daran zu erinnern, dass es da noch eine Schattenwelt gibt, die des kleinen Volks der Gnome und Trolle, Kobolde und Heinzelmännchen, deren geheime Kräfte man gerade im Garten gut brauchen kann.

Gartenzwerge seien spießig? Ach, i wo! Oder haben Sie schon einmal einen Gartenzwerg mit einem Bier vor dem Fernseher gesehen? Gartenzwerge sitzen auch nicht am Stammtisch und erzählen blöde Blondinenwitze – sie erzählen noch nicht mal gute Blondinenwitze – oder tratschen beim Kaffeeklatsch. Gartenzwerge futtern auch nicht pfundweise Knödel oder Schwarzwälder Kirschtorte und haben keine Blümchentapeten an den Wänden.

Und vor allem: Noch nie ist ein Gartenzwerg gesichtet worden, der sich einen Gartenzwerg in den Garten gestellt hätte.

Der Vorhang fällt

Die Morgenluft ist eisig, der Himmel strahlend klar. Mit saftigem Platsch fällt eine Birne vom Baum, ein paar Blätter tun es ihr mit Grazie gleich. Einige dunkelrote Rosen halten noch trotzig die Stellung, auf dem Balkon blüht immer noch das Männertreu, und eine einzelne verwirrte Clematisblüte hat sich im Datum getäuscht und leuchtet hellrosa.

Stolz, wie die Titanic versank, beendet der Garten allmählich sein diesjähriges Schauspiel. Der alte Birnbaum hat es noch einmal geschafft, aber ob er im nächsten Jahr noch von dieser Welt sein wird, ist mehr als fraglich. Bald kommt der erste Bodenfrost und der Morgennebel wird die kahlen Äste verhüllen. Jetzt noch die Rosen schneiden und anhäufeln, das Laub zusammenrechen, die Tulpenzwiebeln fürs Frühjahr eingraben, und dann könnte man sich anderen Dingen zuwenden, sich ins Haus zurückziehen, dem Garten seine Ruhe lassen.

Aber etwas zieht einen an, lockt. Das Ende, der Verfall, das Verwelken übt eine seltsame Faszination aus, ist geheimnisvoll, mysteriös. Es weckt dunkle Seiten in uns, erinnert uns an frühe Phantasien und Märchenwelten. Der Garten wird zum magischen Ort, der Spielraum für das nie Gedachte freigibt, in dem Unvorstellbares vorstellbar wird. Wir erinnern uns an die Vergangenheit und denken an die Zukunft.

Im Verfall zeigt sich das Wesen unseres Seins. Mit allen Mitteln versuchen wir gegen die Sterblichkeit unserer Existenz anzukämpfen. Menschen wollen unsterblich werden und sich mit ihren Taten, ihrer Arbeit, ihren Kunst- und Bauwerken, auch ihren Gärten, verewigen, sich Denkmäler setzen. Wo es uns technisch möglich ist, verlängern wir das Sterben mit allen Mitteln – bei den Dingen und sogar bei den Menschen. Wir restaurieren Kirchen, bauen von Krieg und Erdbeben zerstörte Städte zur Gänze wieder auf, kitten zersprungene Scherben und verpflanzen Herzen. Es ist uns ein Gräuel, Dingen ihren Lauf, das Vergängliche vergehen zu lassen.

Nur im Garten sind wir machtlos. Jedes Jahr hat es ein neues Ende mit ihm. Aber der Garten lehrt uns auch: Nichts ist ewig, alles vergeht und doch entsteht immer wieder Neues. Zwischen Bruchsteinen wachsen Kräuter und Blumen, junge Triebe sprengen uralte Mauern, über Vergangenes wächst im wahrsten Sinne Gras. Die Natur macht immer wieder einen neuen Anfang. Ihren Kreislauf können wir nicht durchbrechen.

Also lassen wir doch Vergänglichkeit zu, lassen wir Dinge verfallen, lassen wir sie in Schönheit sterben. Denn auch das lehrt uns die Natur: Im Alter liegt Schönheit. Eine verwelkte Rose, deren Blütenblätter sich leicht bräunlich verfärben, ist auf ihre Art absolut perfekt. Wo sie blühend vor Kraft und Farbe strotzte, zeigt sie im Vergehen ihre wahren Werte, ihre Zartheit, ihre Harmonie. Ähnlich das Blatt, das sich langsam verfärbt. Nur die Natur schafft diese Übergänge vom tiefen Grün zum fahlen Rot. Die Spuren des Alters, die wir an uns selbst so selten akzeptieren, die Falten und Runzeln, im Garten können wir ihre Ästhetik erkennen und genießen.

Und lassen wir uns überraschen, was aus dem Alterungsprozess entstehen wird. Lassen wir den Dingen ihr Leben auch um den Preis des Sterbens. Sterben ist ein bedeutender Teil des Daseins, das Ende auch ein Anfang, und die Natur beweist uns das im Garten spätestens im nächsten Frühjahr wieder neu.

Ökos im Garten

Man gibt sich ja Mühe. Man will ja ö. k. sein, ökologisch korrekt. Aber das ist ungefähr genauso schwer wie political correctness, kurz pc. Vielleicht ist es auch ähnlich beschränkt. Wer glaubt, weil er einen Garten hat, schon ein besserer (Öko-) Mensch zu sein, der irrt gewaltig. Per se ist er oder sie sogar viel eher ein Umweltschwein. Unendlich die

Vielzahl der Gefahren, sich ökologisch danebenzubenehmen.

Ganz zu schweigen davon, dass man sich heutzutage ja schon geniert, ein paar lästigen Mücken den Garaus zu machen – die spielen schließlich im Kreislauf der Natur auch ihre Rolle.

Pflanzen, die sich nicht über viele Jahre an ihren Standort angepasst haben und die keiner natürlichen Auslese unterworfen waren, neigen mitunter dazu, von Bakterien, Viren oder Pilzen befallen zu werden. Und wer wäre dann nicht schon in Versuchung geraten, statt biologischer Mittelchen die chemische Keule auszupacken?

Ein paarmal spritzen und es hat sich ausgepilzt. Na ja, wer ehrlich ist, wird zugeben, dass es meist so einfach nicht funktioniert und der Pilz so hartnäckig ist, dass man glauben könnte, er stehe auf der pay-roll der einschlägigen Industrie. Trotzdem: Die Verlockung ist groß. Und so werden denn immer wieder umweltbewusste Hobbygärtner mit Atemmaske gesichtet, die sich im Schutz der Dunkelheit – mittags soll man ohnehin nicht spritzen – in ihren Garten schleichen. Ein paar Minuten später hört man dann nur noch ein leises pffff, pfff.

Aber nicht nur die Gärtner mit der Giftspritze sind Umweltsünder. Wohin denn mit den Gartenabfällen? In den Kompost natürlich. Wer so schlau ist, hat sicher unbegrenzt Platz und ist ein geübter

Kompostierer. Denn das ist eine wahre Kunst. Der Kompost muss regelmäßig umgesetzt und gelüftet werden. Stickstoff- und kohlenstoffreiches Material muss sorgsam abwechselnd aufgeschichtet werden, Mineraldünger beschleunigt den Verrottungsprozess. Mikroorganismen erledigen dann die restliche Arbeit.

Zumindest dann, wenn es ihnen nicht zu kalt, zu warm, zu trocken, zu feucht, zu sauer oder zu alkalisch ist. Apotheker sollen hervorragende Kompostierer sein. Ich bin es nicht. Noch nie ist es mir gelungen, schöne, lockere, duftende Erde in meinem grünen Schnellkompostbehälter zu produzieren. Vielleicht liegt es daran, dass ich keinen Stallmist als Zwischenschicht verwende. Leider ist die nächste Kuh ungefähr 15 Kilometer weit weg, und meine Frau hat etwas dagegen, wenn ich im Kofferraum Kuhscheiße durch die Gegend fahre. Sie behauptet, dass der Wagen dann immer so komisch rieche.

Ist aber auch egal, seit unsere Rosen die Schwarzfleckenkrankheit haben und die Birnen den Birnengitterrost, muss ich eh aufpassen, dass kein Rosen- und kein Birnbaumblatt in den Kompost gerät, weil sich die entsprechenden Pilze sonst über die Erde immer weiter verbreiten. Wohin also mit dem ganzen Gartenabfall? Als umweltbewusster Städter steckt man da ganz schön in der Klemme. Schließlich ist es bei Androhung strengster Strafen – nicht unter vier

Wochen Unkrautzupfen in öffentlichen Parks – verboten, Gartenabfälle unter den allgemeinen Haushaltsmüll zu mischen, oder gar – aber so was würde natürlich ohnehin niemand tun – ganze Säcke voller Blätter in die Mülltonne zu stecken. Wenn man allerdings solch einen blauen Sack mit einer Flasche Bier neben die Mülltonne stellt, nehmen die freundlichen städtischen Arbeiter ihn in der Regel mit und entsorgen ihn. Umweltgerecht. Da bin ich mir ganz sicher.

Garten und Ökologie passen nicht immer so ganz zusammen. Und selbst wenn man naiverweise glaubt ein gutes Werk getan zu haben, und sich an den bunten Faltern erfreut, die den aus Südeuropa stammenden Schmetterlingsstrauch umschwirren, fängt man sich von den Spezialisten sofort wieder einen Tiefschlag ein: »Als Raupenfutterpflanze gleicht der Schmetterlingsstrauch einem Plastikgewächs«, heißt es da in einem einschlägigen Werk. Die braven Tierchen besuchen den Strauch zwar eifrig, aber keines von ihnen legt seine Eier auf ihm ab, während beispielsweise auf der heimischen Salweide gezählte 77 Kleinschmetterlingsarten leben.

Nein, man hat's nicht leicht als Heimgärtner mit der Ökologie. Immerhin könnte man als Hobby ja auch Gokart- oder Motorbootrennen fahren. Dann hätte man sich sein schlechtes Umweltgewissen wenigstens redlich verdient.

Über die Gartenliebe

Ein Garten ist ein schreckliches Wesen: vereinnahmend, herrschsüchtig, kostspielig, rücksichtslos, eitel, prätentiös und egozentrisch.

Vereinnahmend, weil man ihm bald mehr Zeit widmet als sich selbst; herrschsüchtig, weil er über seinen Gärtner bestimmt; kostspielig, weil man seine Schönheit teuer erkaufen muss; rücksichtslos, weil er ohne Gnade niedermacht, was ihm nicht entspricht; eitel, weil er alle Aufmerksamkeit auf sich ziehen will; prätentiös, weil er täglich neue Launen zeigt; egozentrisch, weil er nur macht, was er selbst will.

Trotzdem verehrt man dieses Wesen abgöttisch, so wie man einer aufregenden, anstrengenden und launischen Frau auch mehr Aufmerksamkeit entgegenbringt, als einem braven, geduldigen, aufopferungsbereiten Hausmütterchen.

Meinen Garten liebte ich vom ersten Moment an, obwohl er da noch von wenig einnehmendem Wesen war. Ich ahnte da schon etwas von seinen versteckten Geheimnissen und seiner zukünftigen Schönheit und seinem Zauber. Je mehr ich mich mit ihm beschäftigte, je mehr Arbeit ich ihn steckte, desto mehr begann ich zu entdecken, wie viel so ein Garten einem zurückgeben kann: Ruhe, Gelassenheit, Harmonie und Selbstbestätigung.

In und mit einem Garten zu leben, verändert nicht nur das tägliche Dasein, sondern auch das Bewusstsein. Das Zeitgefühl verändert sich, das Leben verläuft in anderen zeitlichen Dimensionen, denn was man im Beruf von heute auf morgen erledigt, dauert im Garten vielleicht ein ganzes Jahr oder länger. Von den Tulpenzwiebeln, die man im Herbst vergräbt, sieht man erst im Frühjahr erste grüne Triebe aus der Erde spitzen. Die umgepflanzte Pfingstrose gewöhnt sich so langsam an eine neue Umgebung, dass sie mindestens bis ins zweite Jahr braucht, bis sie Blüten trägt. Und der junge Apfelbaum muss erst seine Jugendphase überstehen, bis er nach ein paar Jahren erstmals trägt.

Ein Garten lässt sich zwar im Großen und Ganzen gestalten, en detail kommt aber immer alles anders, als man es geplant hat: Die Schnecken fressen die Lupinen, die Sonnenblumen werden doppelt so hoch wie gedacht, die Madonnenlilien stellen nach vier kläglichen Blättern ihr Wachstum gänzlich ein, die vorgeblich gelben Gladiolen strahlen in Wirklichkeit leuchtend pink und so weiter und so fort. Gegen Überraschungen ist man jedenfalls nie gefeit, aber das macht auch einen Teil des Reizes aus. Jede neue Knospe, jeder grüne Spross wird inspiziert und eingeordnet, und immer wieder tauchen da Dinge auf, mit denen man nie gerechnet, die man nie gesät oder gepflanzt hatte.

Ein Garten lehrt einen auch so etwas wie Demut: Man kann ihn nicht beherrschen. Die Natur macht, was sie will, sie lässt sich nichts aufzwingen. Von wegen, der Mensch solle sich die Erde untertan machen, davon hält ein Garten gar nichts. Man kann nicht gegen ihn arbeiten, sondern nur mit ihm. Und dazu muss man die Pflanzen, den Boden, die Tiere, die Sonne, das Wetter beobachten und kennenlernen.

Weil man aber in einem kurzen Menschenleben nie all das lernen kann, was die Natur seit Jahrtausenden weiß, wird man süchtig danach, noch mehr auszuprobieren, noch mehr zu erfahren, noch mehr zu erleben. Dazu muss man sich immer noch tiefer in die Geheimnisse des Gartens hineinbegeben, bis man ihm hoffnungslos verfällt. Das Schöne dabei ist: Man wird dafür belohnt, der Garten dankt einem (fast) jede Mühe mit immer neuen Überraschungen, mit ungeahnter Vielfalt, mit Düften und Farben.

Editorische Notiz

1997 erschien das Buch *Gärtnern* von Peter Würth in der Reihe »Kleine Philosophie der Passionen« im Münchner Verlag dtv. Für die vorliegende Ausgabe, die jetzt unter dem Titel *Grüne Liebe* vorliegt, wurde das Buch vollständig überarbeitet und auf den neuesten Stand gebracht.

Ebenfalls in dieser Ausstattung erschien 2012 sein Buch *Alles auf Grün*.

Klassiker der Gartenliteratur
bei Schöffling & Co.

Peter Würth
Alles auf Grün
ISBN 978-3-89561-597-9

Klassiker der Gartenliteratur
bei Schöffling & Co.

Paula Almqvist
Mitteilungen aus meinem Garten
ISBN 978-3-89561-593-1

Paula Almqvist
Was mir blüht
ISBN 978-3-89561-596-2

Karel Čapek
Das Jahr des Gärtners
ISBN 978-3-89561-591-7

Henri Cueco
Dialog mit meinem Gärtner
ISBN 978-3-89561-594-8

Germaine Greer/Rose Blight
Heckengeflüster
ISBN 978-3-89561-592-4

Elsemarie Maletzke
Gartenglück
ISBN 978-3-89561-590-0

Klassiker der Gartenliteratur
bei Schöffling & Co.

Elsemarie Maletzke
Giftiges Grün
ISBN 978-3-89561-598-6

Beverley Nichols
Grünes Glück
ISBN 978-3-89561-595-5

Beverley Nichols
Lieblingsblumen
ISBN 978-3-89561-599-3

Gabriele Tergit
Der alte Garten
ISBN 978-3-89561-588-7

Gabriele Tergit
Der glückliche Gärtner
ISBN 978-3-89561-650-1

Charles Dudley Warner
Mein Sommer in einem Garten
ISBN 978-3-89561-589-4